现代经济法理论与实务

张 颖 著

中国原子能出版社

图书在版编目(CIP)数据

现代经济法理论与实务 / 张颖著. -- 北京：中国原子能出版社，2023.11

ISBN 978-7-5221-3273-0

Ⅰ. ①现… Ⅱ. ①张… Ⅲ. ①经济法-研究-中国 Ⅳ. ①D922.290.4

中国国家版本馆 CIP 数据核字(2023)第 255672 号

现代经济法理论与实务

出版发行	中国原子能出版社(北京市海淀区阜成路 43 号 100048)
责任编辑	张 磊
责任印制	赵 明
印 刷	北京九州迅驰传媒文化有限公司
经 销	全国新华书店
开 本	787 mm×1092 mm 1/16
印 张	10.5
字 数	161 千字
版 次	2024 年 7 月第 1 版 2024 年 7 月第 1 次印刷
书 号	ISBN 978-7-5221-3273-0 **定 价 68.00 元**

网址:http://www.aep.com.cn **E-mail:597125562@qq.com**

发行电话:010-88821568

前　言

依法治国、建设社会主义法治国家需要我们在经济生活中知法、懂法、守法、用法。经济法是社会主义市场经济法律体系中重要的部门法，学好经济法有利于培养经济法律思维，形成经济法律实际应用能力。为了更好地服务于教学，培养能适应社会主义市场经济要求的高等经济人才，特编写了《现代经济法理论与实务》一书。

本书针对高等院校应用型人才培养目标和经济法课程的教学要求，立足于现代经济法学科体系，全面介绍经济法及与经济法相关法律的基本规定，以“应用”为主旨构建课程和教学内容体系，重视对学生应用能力的培养。

本书从经济法基础理论入手，结合日常法律实务，相继介绍了企业法、市场规则法、知识产权法等内容。本书行文力求生动和鲜明，内容表达遵循简明扼要、深入浅出和循序渐进原则，适合经济法研究者和经济法教学研究者使用。

在编写本书的过程中，笔者查阅和借鉴了大量的相关资料，在此向其作者表示诚挚的感谢；此外，还得到了相关专家和同行的支持与帮助，在此一并致谢。由于水平有限，书中难免出现纰漏，恳请广大读者指正。

著　者

2023 年 8 月

目　录

第一章　经济法的概念

第一节　经济法概念的形成

一、经济法概念的语源

1755 年，法国空想共产主义者摩莱里（Morelly）出版了《自然法典》一书。在这本著作中，摩莱里首次使用了“经济法”一词。该书第四篇中作者拟制了“合乎自然意图的法制蓝本”，其中第二部分就是“分配法或经济法”。从其内容上看，“分配法或经济法”是指作者理想的公有制社会用以“调整自然产品或人工产品的分配”的法律。1842 年，法国德萨米（Dézamy）出版了《公有法典》一书，在这本著作中，德萨米也使用了“经济法”一词。该书第三章为“分配法或经济法”，德萨米所指的“经济法”与摩莱里所指的“经济法”相似但内涵更为广泛，他所谓的“经济法”实际上包括各种经济方面的法律，并非我们今天所指的调整特定经济关系的经济法。而且，摩莱里和德萨米提到的“经济法”不是以现实生活为基础的科学概念，而是一种唯理论的对于未来的主观构想。所以，可以说，“经济法”一词源出于《自然法典》和《公有法典》，但现代意义上的经济法概念并不是由摩莱里和德萨米提出来的。

二、经济法概念的形成

1865 年，蒲鲁东（Proudhon）在其《论工人阶级的政治能力》一书中首次使用了具有现代意义的“经济法”概念。他认为，为了达到国家与社会的均衡，就必须进行国家的改造和社会的组织化，而社会组织将建立在作为政治法和民法之补充和必然结果的经济法基础上。因为，公法和私法都难以实现社会普遍和解的目标，一个会造成政府过多地限制经济自由的危险，另一个则无法影响经济活动的全部结构。经济法是公正原则应用于政治经济学之产物，其目的在于维护社会正义。经济法的适用不仅意味着分享土地、行业分离、劳动不受约束，还意味着降低管理费用、消灭寄生现象和贫困现象。显然，蒲鲁东的经济法理念与现代经济法理念十分相似，称蒲鲁东为现代经济法概念之父，甚为允当。正是基于此，法国学者阿莱克西·雅克曼（Alexis Jacquemin）认为，“蒲鲁东的豁达大度的观点虽然纯属空想，但仍然是对经济法学说的贡献，因而使这种学说发展到了今天这样的地步。”

当然，蒲鲁东提出的经济法概念仅仅是一种理想。如果没有大量的法律实践或者“经济法”立法，那么经济法概念是不会成熟且逐渐被人们所接受的。1890 年美国的《谢尔曼法》（学界公认的反垄断法之母）和 1896 年德国的《反不正当竞争法》（学界公认的反不正当竞争法之母）的颁布实施，可以说是最早的经济法立法及其实践。随后，具有经济法性质的法规数量日益增加。1906 年，美国颁布了《肉类检查法》和《联邦食品和药物法》，这是较早的消费者权益保护法；1919 年，德国颁布了《钾盐经济法》和《煤炭经济法》，这是较早的产业法。随着经济法实践的进行，富有理性的德国人首先对“经济法”产生了浓厚的兴趣。卡恩（Richard Kahn）于 1918 年率先使用“经济法”一词。在 20 世纪 20 年代，德国学者撰写了大量的经济法论著，对经济法的概念以及相关理论进行了广泛的探讨；同时，他们还成立经济法研究所、主办经济法杂志、在大学开设经济法课程。这样，经济法概念首先在德国流行开来，以后逐渐地传播到了世界各地。

但是，传播到世界各地的经济法概念并不完全相同。由于法律传统、国情、时代的不同以及人们知识结构的差异，不同国家甚至相同国家的不同学者都有不同的经济法定义。

第二节　经济法概念的界定

一、对经济法的界定

根据《辞海》（2000），概念是指反映对象的特有属性的思维形式。概念不是永恒不变的，而是随着社会历史和人类认识的发展而变化的。据此，经济法的概念是反映经济法特有属性的思维形式，我们只有从经济法的许多属性中抽出其特有属性，才能概括出经济法的概念。譬如经济法是法的一部分，具有法的一般属性，所以，给经济法下定义也要符合传统部门法的定义方法，要能够被接受。但同时它还有经济法的特有属性。唯其如此，它才有存在的必要和价值。那么，经济法的特有属性是什么呢？经济法是市场经济社会特有的法律现象。那么，市场经济最重要的主体有哪些？市场经济运行中发生了哪些经济关系呢？毫无疑问，市场经济最重要的主体就是经营者和消费者等市场主体，经营者之间会发生市场竞争关系，经营者和消费者之间会发生市场交易关系。由于市场不是万能的，所以，市场失灵会成为市场经济的常态，这样，政府就要适时介入市场，以弥补市场之不足。可见，政府也是市场经济的重要主体。政府和市场主体（主要是经营者）之间就会发生市场监管关系和宏观调控关系。由于这些关系都具有社会公共性，原有的民法和行政法都难以调整，法律空白已然出现，经济法则勇挑重担，承担起调整以上关系之重任。

所以，经济法是调整现代市场经济社会市场主体之间、政府和市场主体之间的社会公共性经济关系的法律规范的总称。它有以下几层含义。

（1）经济法是市场经济社会特有的法律现象。经济法不是从来就有的，而是当市场经济发展到一定程度才会产生的。所以，初期的资本主义社会没有经济法，计划经济时代的社会主义社会也没有经济法。

（2）经济法的调整对象是市场主体之间、政府和市场主体之间的社会公共性经济关系。这两类关系的共同点是都具有社会公共性，但也有明显不同，市场主体之间的关系具有基础性，政府与市场主体之间的关系具有补充性。

（3）经济法调整的是经济关系，市场主体之间、政府与市场主体之间当然会形成其他关系（譬如市场主体之间、政府与市场主体之间的合同关系等），其他关系并不由经济法调整，而由民商法或行政法调整。

（4）经济法的调整对象是特定的，不是所有的经济关系，仅仅是市场主体之间或政府与市场主体之间发生的具有社会公共性的经济关系，譬如市场主体之间的竞争关系、消费关系、政府与市场主体之间的监管关系等。

（5）市场主体之间的经济关系并非全部由经济法调整，民商法也是调整市场主体之间经济关系的重要法律部门；政府与市场主体之间的关系也并非全部由经济法调整，行政法也调整政府与市场主体之间的关系。所以，民商法、经济法、行政法作为市场经济的“三驾马车”，其关系非常密切，难以截然分开。

二、经济法的调整对象

经济法是调整现代市场经济社会市场主体之间、政府和市场主体之间的社会公共性经济关系的法律规范的总称，所以，市场主体之间的社会公共性经济关系、政府和市场主体之间的社会公共性经济关系即为经济法的调整对象。市场主体之间的社会公共性经济关系包括市场交易关系（虽然经营者之间也会发生市场交易关系，但消费者和经营者之间的市场交易关系即消费关系是最重要的市场交易关系，所以，本书所说的市场交易关系仅指消费关系）和市场竞争关系（虽然消费者之间也会形成竞争关系，但经营者之间的竞争关系显然是最重要的，所以，本书所说的竞争关系仅指经营者之间的竞争关系），政府和市场主体之间的社会公共性经济关系包括市场监管关系和宏观调控关系。

市场经济是指通过市场配置资源的经济形式，在市场上从事各种交易活动的当事人，称为市场主体，市场主体主要包括经营者和消费者。在早期的市场经济社会，“干预最少的政府即最好的政府”，市场处于放任自由的状态，当时的市场关系主要包括市场交易关系和市场竞争关系。但随着市场经济的发展，市场经济本身的弊端便暴露了出来，进而导致“市场失灵”。这样，政府调节就显得非常必要。政府会通过市场监管或宏观调控等方式来调节市场，以弥补市场之不足。所以，现代市场经济社会的市场关系不仅包括市场交易关系和市场竞争关系，还包括市场监管关系和宏观调控关系。

由于市场交易关系（消费关系）是平等主体之间的关系，所以，市场交易关系（消费关系）可以由民法譬如合同法等来调整。但由于市场交易关系（消费关系）并不仅仅关涉私人利益，往往关涉社会公共利益，这样，由民法来调整市场交易关系（消费关系）显然并不合适。虽然从法律地位上来看，经营者和消费者是平等的，但经营者在经济上占有优势，往往采取针对不特定消费者的经营行为，所以，《消费者权益保护法》便对消费者作倾斜保护之规定。而且，消费在经济生活中具有重要地位，“消费是生产的终极目的和最终检验者”，国家制定《消费者权益保护法》的目标一般也有两个，即“保护消费者的合法权益”，“维护社会经济秩序，促进社会主义市场经济健康发展”。所以，市场交易关系（消费关系）显然应该由经济法来调整。

但从本质上看，市场竞争关系并非一般的民事关系，而是具有社会公共性的经济关系。首先，市场竞争关系中可能存在着实质上的不平等性，一些大企业特别是垄断企业可能会采取不正当竞争甚至垄断的方式，来谋求自身利益的最大化，处于劣势的竞争者难以通过平等协商的民法方法获得权利保障。其次，不正当竞争或垄断中的受害者往往具有不特定性或群体性，受害者不止一个竞争者甚至包括众多的消费者，与民法调整的特定主体之间的关系不同。最后，竞争是市场经济社会最重要的社会现象，也与经济秩序存在着密切的联系。不正当竞争或垄断不仅损害了竞争对手的利益，还会对竞争机制和市场功能造成损害，最终导致市场竞争秩序的混乱。显然，市场竞争关系应当由经济法来调整。

市场监管关系和宏观调控关系主要反映政府与经营者之间的关系。由于市场的不足及其逐利的盲目性，市场本身已经不能“独善其身”了。这就需要政府介入，对市场进行监管或宏观调控，以弥补市场之不足。市场监管和宏观调控追求的是社会公共利益，市场监管关系和宏观调控关系当属经济法调整无疑。但市场监管和宏观调控都需要“行政机关”来完成，是否与行政法有交叉？实际上，行政法调整行政关系，解决行政管理中的法律问题；经济法调整经济关系，解决市场经济中的法律问题。虽然二者有交叉，但其分界还是比较清晰的。“涉及行政权的、涉及国民经济事务之外的归行政法；涉及经济权的、涉及市场经济宏观的及微观的某些事务（宏观调控、市场监管等）的归经济法。”

综上，经济法的调整对象是现代市场经济社会市场主体之间、政府和市场主体之间社会公共性的经济关系，经济法的调整对象具有以下特点。

（1）经济法的调整对象是一种社会关系。在社会经济发展的过程中，往往会产生两种关系，即人和人之间的社会关系、人和自然之间的“自然关系”。经济法的调整对象当然是社会关系而非“自然关系”。虽然经济法也包括一些技术规范，但这些技术规范同样是调整技术活动中发生的人和人之间的社会关系。

（2）经济法的调整对象是一种物质性的社会关系。作为经济法调整对象的社会关系，是独立于人们的主观意识而客观存在的，它不是思想关系或意识关系，而是一种物质关系。这种社会关系并不因经济法的调整而存在，也不因经济法不调整而消失。

（3）经济法的调整对象是具有社会公共性的经济关系。无论是市场主体之间的市场交易关系（消费关系）、市场竞争关系，还是政府和市场主体之间的市场监管关系、宏观调控关系，都是一种具有社会公共性的经济关系。它不表现为对某个自然人和法人的个别保护，而是以承认并维护自然人和法人的独立地位为基点，着眼于社会整体利益。这也是经济法调整对象区别于其他部门法特别是民商法和行政法调整对象的根本特征。

（4）经济法的调整对象包括市场主体之间的市场交易关系（消费关系）、市场竞争关系，及政府和市场主体之间的市场监管关系、宏观调控关系。就市场经济而言，市场交易关系（消费关系）、市场竞争关系显然是基础的第一位的关系，市场监管关系、宏观调控关系应当是第二位的关系。而且，这两类关系好像也是各自独立的，但实际上存在着紧密的联系。基础关系可由市场自由调节，出现市场失灵后，政府就必须介入。但政府的理性也是有限的（政府是由有限理性的人组成的），一旦出现政府失灵，还需要市场自身的力量。所以，经济法的调整对象并非各自存在的，它们之间有着非常密切的联系。

第二章 经济法的基础

第一节 经济法的社会基础

一、市民社会：经济法的社会基础

（一）古典市民社会及其特征

市民社会，是指虽在社会内却在政府控制范围以外的民间组织和活动空间。它是直接从生产和交换中发展起来的私人活动领域，与作为公共领域抽象的政治社会相对应，是市民构成的社会，是市民交往的总和。市民社会是“处在家庭和国家之间的差别的阶段”，真正的市民社会只是随同资产阶级发展起来的。因为，只有到了近现代，随着资本主义商品经济的发展和资产阶级在思想文化和政治领域的全面胜利，市民和市民社会才真正摆脱了封建奴役和宗教奴役，并且与政治国家才有了较为明晰的分离与界限，成为相对于政治国家的现实存在。

市民社会的概念是伴随着古希腊、古罗马时期亚里士多德的“城邦”概念和西塞罗的“国家”概念而出现的。自有文字记载以来，怎样发展个体与群体的关系，维持城邦的稳定和繁荣一直是学者们不断探讨的主题。亚里士多德（Aristotle）的城邦概念对这一问题的探讨可谓这一时期的理论翘楚，对后世影响深远。

亚里士多德在继承和发扬柏拉图（Plato）《理想国》和《法律篇》中对政体问题探讨的基础上，结合现实提出了城邦概念。在《政治学》

一书中，亚里士多德认为：“城邦的出现、发展出于自然并随着时间的推移发展进步，这里的‘自然’不是指先于人的自在的物理和生物世界，而是人的生活世界的全体。”城邦的出现源于自然，家庭在本源意义上后于城邦而出现，家庭的出现是依据人们的自然需要自然地出现的。随着以家庭为单位的组织越来越多地出现，就产生了能够支持各家庭生活所需和交往必备的集合体，我们将其称之为村庄，因为它是依靠姓氏或血缘关系组成的大团体，因此，家庭和村庄二者都是依据自然关系的发展进而演变出来的生活集结体。依据发展规律，城邦的形成有其自然本性，因为村庄是由不同的家庭组建而成的，许多不同的家庭又组建成不同的村庄，这样以一种自然而然的方式形成了城邦。

亚里士多德认为，城邦的目的有两个。第一，城邦的一般含义就是为了要维持自给生活而具有足够人数的公民集团。第二，城邦是作为一切社会团体中最广泛的社会团体，它的目的在于将“善”上升到最高的层次，并且认为城邦的“善”是由公民的“善”发展而来。正是在这种论述过程中，他界定了人的本性：“人类自然是趋向于城邦生活的动物，人类在本性上也是一个政治动物”。这一见解比“人是两条腿而没有羽毛的动物”等将人与动物进行对比的人的概念要深刻，他不仅将人与动物真正地区分开来，而且从个体与群体的关系层面对人进行了考察和分析。该界定对后世产生了极其深远的影响——马克思的《关于费尔巴哈的提纲》就充分反映了这一点。

作为市民社会概念的第二个接棒者西塞罗（Cicero）将亚氏的城邦概念改造成了“国家”。“今天，几乎所有的政治法律学说史家都不认为这位古罗马时期的思想家对西方政治法律传统有什么独到的重大贡献，但是几乎所有的重要的政治法律思想史的著作又不能不提到西塞罗”，沈叔平和苏力在《国家篇法律篇》“译者前言”中对西塞罗在思想史上的地位如是说。西塞罗在其个人独特的经历基础上，结合柏拉图、亚里士多德、斯多葛学派和伊壁鸠鲁等的学说，提出了国家的概念。他不同于其他思想家那样忽视现实及其理论在现实中的实践，以社会现实特别是以罗马国家的现实为基础而不是以假想的国家模式来构建国家的概念。而这一概念是以当时地中海周边日益扩大的人类交往这一现实为基础的，是罗马全体居民尤其是国家历任管理者的努力和长远规划在理论上的写照，也是当时罗马生产方式在理论上的反映。

西塞罗也是最早明确了传统意义市民社会概念含义的人。在他看来，市民社会作为一种城市的文明政治共同体，与野蛮人的野蛮状态有着重要的区别。首先，他作为一种城市文明，有着自己的都市文化、工商业生活等；其次，它作为一种政治文明，有着自己的法律和政府，这些都是人民的共同财产，共和国乃是人民的事业；最后，它是一个道德的集体，其目的在于实现公平和正义的原则，它用道德的纽带把人们联系起来。其后，随着基督教徒在罗马帝国中的力量日渐强大，市民社会的概念也发生了一系列的变迁。例如，公元 17 世纪至 18 世纪，一些契约论思想家（如洛克、卢梭、康德等人）为了反对为专制王权提供君权神授的理论依据，对市民社会的概念又进行了阐述，把政府权威的来源从上帝那里转到了民众那里。

总之，古典市民社会的概念主要呈现以下三个特征。

（1）他们对这一概念的使用具有强烈的道德批判意味，他们总是将社会分为文明社会与野蛮社会。由家庭、村落乃至部落组成的野蛮状态，只是社会共同体而不是政治共同体，因此无法过上快乐而有道德的生活。只有组成政治共同体时才能够过上美好的生活，这也是人类进入文明社会的首要标志。

（2）他们往往在政治社会的意义上使用市民社会的概念。虽然他们承认市民社会中存在着家庭、私有财产、工商业生活等，但这些要素在野蛮社会也同样存在，所以不构成市民社会的主要特征。

（3）他们所讲的政治社会乃是一种公民社会，建立在共和政体基础上的一种社会。在共和政体中，政府的权威来自公民的同意，政府的目的是保障公民过上幸福的生活。

（二）现代市民社会：经济法的社会基础

现代市民社会的概念是对政治国家和市民社会相分离的现实的反映，政治国家和市民社会的分离则是近代欧洲的产物。中世纪时期，市民社会和政治国家达到了统一的顶峰，“中世纪的精神可以表述如下：市民社会的等级和政治意义上的等级是统一的，因为市民社会就是政治社会，因为市民社会的有机原则就是国家的原则”。16 世纪以后，随着民族国家的出现和君主立宪政体的建立，市民等级在王权的保护下获得了从事工商业活动的自由，私人领域的独立开始了市民社会和政治国家的分离过程。

市民社会和政治国家的分离过程从 16 世纪就已开始，但到了 18 世纪，一些思想家才认识到国家和社会的区别，并在此基础上提出了一些颇有价值的观点。科亨（Cohen）和阿拉托（Arato）在其著作《市民社会与政治理论》一书中阐述了这些思想家的贡献。洛克（Locke）未对政府和社会做出明确区分，只是模糊地意识到两者的区别；法国伟大的启蒙思想家孟德斯鸠（Montesquieu）和伏尔泰（Voltaire）明确地区分了政府和社会，并期望二者的分离。

黑格尔（Hegel）是第一个全面阐述市民社会与政治国家关系的学者，在其《法哲学原理》中明确地界分了国家与市民社会。他认为，市民社会是各个成员作为独立的个体的联合。“在市民社会中，每个人都以自身为目的，其他一切在他看来都是虚无的。但是，如果他不同别人发生关系，他就不可能达到他的全部目的，因此，其他人便成为特殊的人达到目的的手段。但是特殊目的通过同他人的关系就取得了普遍性的形式，并且在满足他人福利的同时满足自己。”“市民社会含有三个环节：第一，通过个人的劳动以及通过其他一切人劳动与需要的满足，使需要得到中介，个人得到满足——即需要的体系；第二，包含在上列体系中的自由这一普遍物的现实性——即通过司法权对所有权的保护；第三，通过警察和同业公会，来预防遗留在上列两体系中的偶然性，把特殊利益作为共同利益来予以关怀。”在三个环节中，“需要的体系”构成市民社会及其活动的主要内容。但由于市民社会中的伦理精神还处于无节制的特殊性阶段，所以，国家的干预是必不可少的。在黑格尔看来，市民社会作为一个独立的领域，虽有它自己的组织原则，但它并不能离开国家。因为，国家是普遍原则的体现者，个人、家庭和市民社会都必须“从属于”它。总之，黑格尔是比较完整地、系统地提出现代市民社会理论的第一人，也奠定了他在市民社会理论发展史上的重要地位。“黑格尔早期对市民社会现象的观察，不仅是辩证法的真正源泉，而且同时也确保了原则上的进步性”，西方马克思主义的早期代表人物卢卡奇（Lukacs）如是说。但我们仍然看到黑格尔在这一理论上存在着缺陷。首先，他将家庭排斥在市民社会之外；其次，他将司法制度和警察等政治国家的机构也纳入市民社会之中；再次，他认为“国家属于伦理精神发展的普遍性阶段”，对代表普遍性原则的国家合理性的过分强调和理想化描述，使他得出了家庭和市民社会从属于国家的结论。

马克思（Marx）在黑格尔“市民社会”概念的基础上，进一步完善了这一理论，并系统论述了市民社会的发展规律及其与政治国家的关系。马克思认为，市民社会是对私人活动领域的抽象，是私人需要的体系，是私人利益关系的总和。“任何一种所谓人权都没有超出利己主义的人，没有超出作为市民社会的成员的人，即作为封闭于自身、私人利益、私人任性、同时脱离于社会整体的个人的人。”自由、平等、私有财产权成为市民安身立命的根本，成为市民的“牢固成见”，市民阶级注定要成为现代平等要求的代表者，成为商品生产者。马克思指出，随着社会利益分化为私人利益和公共利益两大相对独立的体系，整个社会就分裂为市民社会和政治国家两个领域。市民社会是私人利益关系的总和，政治国家是公共利益关系的总和。“有一定的市民社会，就会有不过是市民社会的正式表现的一定的政治国家。”“现代国家的自然基础是市民社会以及市民社会中的人”，市民社会对于政治国家来说是原动力，“决不是国家制约和决定市民社会，而是市民社会制约和决定国家”。显然，“市民社会是全部历史的真正的发源地和舞台”。从马克思的市民社会理论可以看出，市民社会其实源出于保护个人自由的思考以及对市场经济的弘扬。一般而言，市民社会被视为是生产和交换的自由场所，政治国家则被视为是垄断了强制性权力的公共权威。前者是自发的、平等的和私人性的，其运行有着自发和原生的性质；后者是人为的、等级制的和公共性的，其运行有着人为和次生的性质。市民社会与政治国家分属于两个完全不同的领域，受完全不同的规则支配。但由于市民社会的自主性确立了公共权威的自然界限，所以政府的经济行为也被纳入法治的轨道，有了一种衡量的尺度。

到了哈贝马斯（Habermas）时代，社会与国家的关系已发生了重大的变化。政治国家在现代化的借口下迅速膨胀，并以不同的形式、从不同的角度向市民社会渗透，市民社会的独立性似乎受到了挑战。正是在这样的背景下，现代市民社会理论发生了转型，开始注重市民社会的社会和文化构成。哈贝马斯在综合各家学说的基础上，精辟地分析了市民社会在当代西方发生的重大变化及其后果。他认为，市民社会是一种独立于政治国家的私人自治领域，包括私人领域和公共领域。其中私人领域是指由市场对生产过程加以调节的经济子系统，公共领域则是各种非官方的组织和机构构成的私人有机体，包括团体、俱乐部、党派等，实际上是社会文化领域，它为人们提供了讨论有关公共事务的场所。公共领域的发展具有双重作用：一是促进社会的整合和群体的认同，人们在这里找到了社会生活的意义和价值；二是为国家和政治子系统奠定了合法性基础。哈贝马斯着重分析了市民社会的结构在当代发生的重大变化。他认为，第一次世界大战后，由于国家权力的膨胀和商业化原则的盛行，市民社会的结构发生了重大变化。第一，政治子系统和经济子系统从分离走向结合。为了克服经济危机，国家重新进入再生产过程，经济子系统不再作为独立于国家的私人领域而存在。第二，公共领域受到商业化原则的侵蚀。随着商业化原则对社会文化生活领域的渗透，大众文化把追求商业利益摆在首位，日益低级庸俗。

不难发现，由于现代市民社会理论坚信发达、完善的市民社会与公正、高效的政府有着必然的联系，所以特别强调市民社会与政治国家的互动关系。而事实上，市民社会与政治国家“老死不相往来”的时代也早已一去不复返了。当代市民社会理论虽有市民社会—政治国家的“二分法”与市民社会—经济—政治国家的“三分法”之争，但是，学界对市民社会之实质即市民社会是“独立”于国家的私人自治领域已形成共识，并对市民社会的结构性特征与文化特征做了清晰描述。

市民社会的结构性特征如下。①市民社会为私人领域。私人领域是私人自我发展的领域，是私人自主从事商品生产和交换的领域，市场机制和私人产权为其必备要素。②市民社会以志愿性社团为其核心要素。志愿性社团是团体成员基于共同利益或信仰而自愿结成的社团，是一种非政府、非营利的社团组织，它不以血缘和地缘为基础，其成员的加入和退出也是自愿的。③市民社会之市民活跃于公共领域。公共领域是介于私人领域和公共权威之间的一个领域，是各种公众聚会场所的总称。市民在这一领域可以对公共权威及其政策和其他共同关心的问题进行自由的、理性的、批判性的讨论和评判。

市民社会的文化特征如下。①市民社会坚持个人主义和多元主义。个人是市民社会生活的基本单位，市民社会和国家都是为了保护和增进个人的权利和利益而存在的。所以，市民社会无疑又是个人生活方式的多样化、社团组织的多样性和思想的多元化的统一。②市民社会表现为政务活动的公开化和公共领域的开放性，这也是市民评判公共权威和参与国家政治的前提。③市民社会倡导法治原则。只有实行法治，才能划定国家行为的界限，实现市民社会与政治国家的良性互动。

（三）市民社会的法治取向

1. 市民社会是实现法治的社会文化基础

市民社会与法有着非常密切的联系，马克思、恩格斯指出："因为国家是统治阶级的各个人借以实现其共同利益的形式，是该时代的整个市民社会获得集中表现的形式，所以可以得出结论：一切共同的规章都是以国家为中介的，都获得了政治形式。"这就是说，法产生于市民社会的规章通过国家获得了政治形式。表面上看来，法是由国家制定和认可的，而法所反映的实际上是市民社会的要求和意志。从马克思、恩格斯对市民社会与法的关系的论述中可以看出，市民社会是实现法治的社会文化基础。

首先，市民社会是实现现代法治最初始的根源。市民社会是由各种利益集团以一定的形式构成的，当这些在经济和其他领域中成长起来的利益集团发展到一定程度时，便会以各种不同的方式要求在政治上、法律上表达他们的意志。这种要求不仅是民主政治的强大动力，也是实现现代法治最初始的根源。

其次，法治社会的"良法"，是由市民社会构建起来的。法律是人类共同创造的文明成果。法治社会的法律一方面是市民社会各利益集团以及市民代表在社会资源分配中达成的协议，另一方面是将运行在市民社会中的规则通过立法机关赋予法律形式予以认可。如果一个国家的法律不能反映有效运行在实际生活中构成社会秩序的社会规则、规章，如果一个国家的法律只是反映少数人的需求，那么，这样的法律就不能带来社会的普遍遵守，只能靠国家机器的强制力来维持。

最后，法律的普遍遵守必须以市民社会为基础。法律受到尊重并得到社会的普遍遵守是法治社会的一条基本要求。法律在其创制的时候应该广泛地体现市民社会各利益集团的意志，法律一旦形成，它就被赋予了国家的政治形式，具有某种强制性。但这并不意味着国家就可以肆无忌惮地以强制的方式推行法律，法治秩序的构建应以市民社会普遍自觉地遵守法律为基础。反之，如果我们硬性地依赖国家的强制力构建社会法律秩序，将容易成为“法律专制”或“法律独裁”滋生的温床。

2. 市民社会权利保护与法律程序的理性化

有西方学者指出，欧洲人的习惯两次演化为理性的法律制度——罗马法和普通法。但是他们忽略了欧洲法律发展都离不开市民社会历史演进这一极为重要的历史事实。市民社会与政治国家的二元分离的法治价值在于它不仅使得市民社会成员真正成为具有独立自主精神的社会主体，而且可以有效地以法定权利抵御政治权力的不当干涉，中世纪后期开始的市民社会自主化和权利保护运动，有力地推进了西方法律程序的理性化。由于英国的诉讼程序和证据法是简朴而非理性的，“人们把获得强有力和迅速的救济希望寄托于皇室法院”，这就促进了程序优先于权利的令状制度和统一的普通法的形成。渐渐地，“在同专制王权的斗争中，普通法成为议会政党手中的强大武器，因为普通法在长期的历史发展中形成了某种韧性，它的烦琐的和形式主义的技术，使得它能够顽强地抵制住上级的进攻。自那时起，英国人便把普通法看作基本自由的保障，用它保护公民的权利，对抗专制权力的肆虐”，普通法遂成为理性的体现。随着普通法对衡平法的胜利，普通法律师与商人联盟展开了限制王权特权，保护贸易、财产及自由权利的司法改革斗争，“建立新刑事诉讼程序的道路打通了”，“传闻证据否定法”作为一项制度也“成为一种新的、合理的法庭诉讼程序基础”。1688 年光荣革命后，英国对其法律又进行了重大改革，私法得到快速发展，种种诉讼程序得到革新、重申和保护，满足了当时市民社会权利平等保护和社会安全与秩序对法律程序理性化的需要。

欧洲大陆国家法律程序的理性化是与罗马法的复兴紧密联系在一起的。为保护市民平等权利，首先在城市开始了废除决斗等非理性的取证手段，确立理性法和建立一种特殊的城市诉讼程序的运动。接着，教会法也开始强调理性和良心，禁止教士参与求助于神意裁判或上帝判决的诉讼程序。这样，一种新的、较合理的书面诉讼程序，在欧洲大陆各国逐渐被采用。在此后的罗马法复兴过程中，欧洲大陆最终接受了被视为“成文的理性”的罗马法，这样，“已经被认可的罗马法发展成了获得解放的市民社会的法律”。正是“由世俗和宗教两方面都进行的诉讼的双重合理化，蔓延到整个西方的世界”，法律规则的至上性和市民社会的普遍规则秩序观念得以逐步确立。经过 17—18 世纪资产阶级革命及欧陆的法典编纂活动，最终形成了资本主义法律原则和制度，把权利和权力、权利和义务都纳入法律有效规制的框架之中，从而推动了近代法律秩序的建立。

3．市民社会精神的张扬与法律形式化运动

“法律的形式化并非仅限于法律外部的形式主义，而是立法、司法过程所体现出来的法律至上、司法独立、理性规则体系及司法程序性等的系统化要求。”从根本上说，西方近代法律形式化运动正是“源于市民社会精神的涌动并融入近代法律体系的形成与发展之中的独特进程”，并与市民社会公共领域的兴起有非常密切的联系。

按照哈贝马斯的观点，市民社会公共领域是与市民社会私人领域相分立，而与公共权力领域相对抗的公众舆论领域。在这里，公众通过对公共事务进行自由开放的讨论与论辩，形成公众舆论并进行理性批判，从而为公共权力提供合法性基础。18 世纪初，具有政治功能的公共领域率先在英国出现，成为“私人聚集以迫使公共权力在公众舆论面前获得合法化的场所”。正是基于此，自由理性的市民社会精神“不仅获得了理性、人权、社会契约、法治等为核心内容的成熟的自然法理论形态，而且从边缘走进中心而赋予了新的表现形式、功能和载体，获得了更加经常、更加有力、更加自觉的批判精神和社会导向地位”。英国市民社会公共领域的出现成为现代舆论的先锋并开始影响和进入议会，以至于“国王再也不能绕过议会，也不得不在议会里争取一批坚定的追随者”。从而推动英国在习惯法框架内完成司法组织、诉讼程序及实体法的改革。18世纪中叶，法国的市民社会公共领域也开始出现，平等、自由、人权与启蒙思想得到了广泛传播。陈情书方式的公众参与导致了三级会议的召开，并通过法国革命“在一夜间就创造出英国经过一个多世纪的缓慢演进所取得的成果”。法德等大陆国家市民社会公共领域的勃兴，有力地推动了欧洲大陆资本主义法律制度的确立和法典编纂运动，他们“试图为社会领域建立的‘法律’除了普遍性和抽象性的形式标准之外，还要求自身具有合理性这一客观标准”。法、德、奥等国家《民法典》的产生，“不仅代表了市民社会的利益，而且动用了市民社会的特殊媒体：它们都经历了由私人组成的公众的反复公开批判。通过有奖征文和问卷调查，公众舆论对法典的制定做出了贡献，甚至在没有议会机构的地方或议会机构不起作用的地方，如拿破仑统治下的法国，基本上也是如此。”显然，自由理性的市民社会精神以至上性的自然法为理论表现，凭借公共领域而注入法律体系之中，成为西方法律形式化运动的重要驱动力。

4. 市民社会理性规则秩序的确立与法治

市民社会是一种以利益、权利和契约为纽带的自治社会，自由自主、理性自律的“经济人”是其首要的基础。市民社会会自发生成一种理性秩序，它不仅能够建立人人共同遵守的契约性规则，而且还会导致法治的必然产生。古雅典的“人民大会”、古罗马的“公民大会”等市民社会组织不仅自己形成了自治的职能，而且还发明了自己的审判形式和其他治理方式。在罗马共和国时代，很多被后来的思想家视为社会契约的法律规则都是那个时候形成的。欧洲中世纪的“城市公社”与它们所处的国家中的政治权威形成了相对独立的关系，并且发展了符合自由经济发展的理性化的规则，这些规则成为资本主义法治的重要基础。

显然，市民社会可以通过广泛互动交往来创制市民社会游戏规则，亦可以沿着民主路线来重新界定和创制公共政治游戏规则，市民社会的

理性规则秩序实乃法治秩序之根本。现代西方国家中的市民社会组织在维护法治传统方面也扮演着重要角色。一个社团有自己的章程和活动规则，一个人参加了某个社团，就自愿地受到自己组织的章程和规则的约束。当然，他还可以是不同的社会团体的成员，如果他参加多个团体，他的不同角色已经将他置于多种规则之下。作为政治权威之外的独立的力量，市民社会组织也是制约政府权力，参与国家甚至国际政治经济事务的生力军。在市民社会比较发达的国家里，传统意义上的国家法律和市民社会组织的内部规则相结合，政府依法行政和强有力的社会监督相结合，成为维护法治的建设性力量。

5. 市民社会理论的兴起与法理学更新

近年来，法理学界十分活跃，法理学更新和法学现代化的呼声越来越高，权利本位、契约自由、私法优位等的倡导、确认和弘扬极大地推动着法理学“脱幼”和更新。但是，毋庸讳言，我国法理学的本土主义和仅就法学来研究法学的“本本主义”仍很浓重，法理学“脱幼”的任务仍然很艰巨。法理学更新和法学现代化是个庞大的系统工程的构筑，尤其需要法学研究既要立足法学领域，又要走出法学领域，从哲学、政治学、经济学、人类学、社会学、伦理学、文化学、史学等更高、更宽的多维理论视野，并对法治实践致以深切关怀来深入研究。市民社会理论的兴起及其在法学研究领域的导入，就是这样一种新的努力和尝试，它无疑会大大推进法学更新和法学现代化进程。

市民社会理论自 20 世纪 80 年代以来再度流行，并成为当代世界一股重要的社会思潮，它反映了 80 年代以来世界各国国家和社会关系的深刻变化及理论诉求。这一思潮不仅对政治学、哲学、经济学和社会学界产生了重要影响，法学界也深为其所吸引。运用这一理论进行法学问题尤其是法治研究，已成为一个颇为引人注目的动向。首先，市民社会理论是马克思主义法律观得以确立的重要基石。马克思正是从市民社会理论走向唯物史观的，是从市民社会中去寻找理解人类发展进程的锁钥的，市民社会理论也奠定了马克思主义法律观的基础。其次，把法学研究和法学现代化纳入市民社会理论视野，是社会客观现实的需要。按照马克思市民社会理论，市民社会与政治国家并列存在是现代国家的基本特征，只要有私有制和社会分工的存在，市民社会与政治国家的分离及其矛盾关系就不会消失。改革开放以来，政府不断地简政放权，国家权力与社会权利的关系逐步得到理顺，民间组织大量涌现，社会利益日益多元化，一个真正的市民社会正在出现。随着我国市民社会与政治国家有机互动的二元社会结构的初步形成，市场经济的进一步发展也有了必要的基础，随之而来的便是市民社会和市场经济对法律的强烈需求。作为人们行为和社会活动基本规则的法律，在建立法治国家的历史进程中，就必须扎根于这一基础和现实，必须反映这种二元社会结构基础上的复杂多变的利益关系和需要。最后，市民社会理论能为法学提供有效的分析工具和系统而丰富的理论基础。我国法学幼稚的突出表现，就是以阶级分析为轴心的单一线性的理论模式。市民社会理论以国家和市民社会的相互关系为轴心，确立起历史的和分析的范畴。它不仅包括阶级分析，还确立了系统而深刻的利益分析、哲学分析、政治分析、历史分析和社会分析，从而架起了法学与相关学科的有机桥梁，使法学研究能够充分运用这些相关学科的成果来丰富法学理论，提高法学理论质量，为法学更新提供更广阔、更深厚的理论基础①。

二、市民社会在中国

（一）市民社会在中国的发展及特征

20 世纪 80 年代末 90 年代初，市民社会研究开始进入我国学界视野，有学者认为，中国有着几千年的封建专制传统，市民社会对中国而

① 马长山. 国家、市民社会与法治［M］. 北京：商务印书馆，2001.

言完全属于“异类”——市民社会并未光顾中国。也有学者认为，市民社会虽然诞生于欧洲，但是“凭着运气、技巧和想象力，市民社会也许会扩展到世界其他地区”。而事实上，考察市民社会与政治国家产生的共同前提即社会出现私人利益和社会分裂为阶级，就不难推知，市民社会并非欧洲之专利，全世界各个地方存在着市民社会。

我国的市民社会也是随着个人利益与阶级利益的形成而出现的。但是市民社会与政治国家分离并互动发展的进程是非常缓慢的，市民社会并未得到长足发展。

中华人民共和国成立以来，伴随着经济、政治领域改革的深化和拓展，社会自治领域日益壮大，长期形成的国家社会高度统一的模式趋于解体。其明显的表现是：国家的社会控制幅度明显收缩，国家直接控制的社会资源的相对量和绝对量都已经大大减少；国家的社会控制手段渐趋多样化，改变了以往几乎完全依靠行政命令与计划指令的状况，经济、法律等其他社会控制方式的作用越来越大；国家自身的权力结构也在进行相应调整，地方、部门、企业乃至个人占有与处置社会资源的自主权不断扩大等。特别是 1992 年以来，市场经济观念逐渐深入人心，“资本主义社会有计划，社会主义社会有市场”之思想及现实已被人们普遍接受。市场经济道路的选择，必将促使我国的政治关系和经济关系的界限日益明确起来。而事实上，这几年市场经济建设的巨大成功，正是市民阶层和国家互动的结果。我国市民社会的复兴和市民作为“本来的人”“真正的人”之地位的恢复，已是不争的事实。因为“市民社会的经济本质是商品生产和交换”，而我国正在大力倡导并实践着“商品生产和交换”。

“市民社会本身是市场经济发展的必然产物，也是与市场经济相伴随的城市化过程的必然产物”①，是构成整个现代社会的基础条件，使

---

① 杨巧蓉. 市民社会理论：透析当代中国社会转型的新视角 [J]. 教学与研究，2012 (3)：43-49.

市场经济走向更加成熟、有序的发展轨道。“只有充分发育的市民社会才能为市场经济提供公平竞争的坚实基础。众所周知，非成熟的或初级阶段的市场经济不可避免要受到其他因素（主要是权力）的干扰，而市民社会在本质上是排斥政治权力的，非权力侵蚀的社会成员间彼此的独立和平等，是市场经济公平竞争极为有利的现成条件。”因此，市民社会的壮大所形成的社会强力必将巩固市场经济的根基，将为社会主义市场经济更好更快发展贡献力量，为中国社会转型营造良好的社会环境。

我国的社会主义市场经济在社会性质上不同于西方国家，这就决定了我国社会主义市民社会的建构具有其自身的特征。

（1）自觉性。西方市民社会是伴随着资本主义经济的产生而自发形成的，它是以自下而上的方式来对资本主义的发展进程发生作用的。而我国的市民社会是在人们充分认识到它对我国发展社会主义初级阶段生产力具有重大促进作用，并在社会主义国家指导的前提下自觉提出，这种自上而下培育起来的市民社会就克服和避免了资本主义制度下市民社会的缺陷和不足。

（2）非对抗性。社会主义的市民社会与国家的社会主义性质表明，我们现存的“政治国家”和“市民社会”不仅可以充分地发挥其各自的积极职能，而且能够消除二者在资本主义制度下必然存在的那种对抗性。一方面，社会主义国家的政治和法律制度能够有效地调整政府与企业、各级社会组织及人民团体之间的关系，使其能够最大限度地保证社会成员的自由、民主和平等权利；另一方面，随着市民社会发展的逐渐成熟，整个社会的自主和自治程度也将随之提高，这样市民社会更能有效地调整社会成员之间的关系，使其在国家政治和法律制度的范围内，个人利益与他人、集体和社会的利益能够在越来越大的程度上趋向和谐，达到统一。

（3）终结性。市民社会是伴随资本主义经济的发展而产生，并最终通过资产阶级革命的方式完成的。作为资本主义市场经济的社会组织基础，它的存在与发展推动了社会现代化的进程。我国的市民社会扬弃了西方市民社会之弊端，因而它的积极作用也将在最大程度上和最大范围内得到充分的体现。与此同时，它也将随着自己的日益成熟而成为政治国家走向消亡的催化剂，而且作为政治国家的对立物，它亦将随着政治国家退出历史舞台而终结其作用，成为不复存在的东西。当然，这种消亡是在社会主义的高级阶段——共产主义社会才能实现的。

（二）社会主义市场经济和中国特色的市民社会

在中国，随着市场经济体制的确立及其发展，市民社会的建构也被提供了非常有利的条件。首先，对于市场经济自身而言，就蕴含着社会自立的逻辑。其次，我们可以进一步看到，契约型规则的发展乃至成熟为市场经济的发展提供了必要条件。毋庸置疑，通过“嫁接”与“自生”这一过程，中国市民社会话语得以建构，但有两个问题，一是如何将“市民社会”这一源出于西方历史经验的强势话语及其所确立的基本理念实现“本土化”；二是市民社会作为一种社会发展的必然逻辑，它应该怎样做到自我发现和自我正名。“但无论如何，有关中国社会的任何市民社会理论探讨及其现实运动都不再能够脱离中国现行社会主义市场经济这一话语背景。否则单从方法论上可以断言任何‘接近’都是虚无的理论自演，对于中国当下社会的发展和自我理解没有任何积极意义。”①

实际上，随着中国改革开放，国家从计划经济向社会主义市场经济转变，这期间中国社会的自足发展也相应发生了本质性的变化。伴随着典型的“国家全能主义”单一身份的迅速瓦解，这一转向导致了社会在经济活动中自主活动空间大为扩展，社会自身也在积极悄然发蒙，社会开始注意到自身在国家和个人之间的独特张力，开始自觉尝试自身对于

① 曹鹏飞，张艳萍. 论中国社会主义市场经济与市民社会 [J]. 宝鸡文理学院学报（社科版），2004（2）：1-6＋15.

国家的积极帮助和自身功能的独立发挥。中国的市民社会，正是在这种政治气氛和环境下逐步成长起来的。作为一种经济、社会现象，市民社会产生于市场经济的土壤中。市场经济在中国社会结构转化过程中成为重要的推动力，新的观念和思想的产生以承认个人的自由和法权为基础。在中国，“市场”确实成为“国家与社会”良性互动的重要中介。正是在这种社会主义市场的良性互动中，相对于社会主义特殊国家形态的中国市民社会也有自身的内在特点，因为中国国家形态的社会主义性质与中国市民社会本身二者之间具有某种天然的“通约性”。这种内在的一致性使中国社会的市民社会本身也具有国家天然所遵循的理性法则的逻辑特点，因而中国社会主义市场经济条件下的市民社会可以被看作是现实性维度上并非必然和国家相对立意义上的“有节制的或者是温和的市民社会”，其最根本的特点就是某种程度上的与社会主义国家的天然兼容，这是由我国市场经济的社会主义性质决定的。因为我们不是完全意义上的自由市场经济，所以与此对应的我国市民社会也不可能是完全西方意义上的市民社会，这从其发生学上可以获得更加充分的理解。

同样，在我国市场经济发展中，个人特殊利益与国家普遍利益是同时存在的，如何调整二者的矛盾和冲突是我们面临的一个重要问题。事实证明，由“市民社会”来协调两者之间的矛盾，维护社会公平，保障社会经济生活的进行是最有效的办法。在我国市场经济发展中，市民社会与个人和国家之间的相互依存是必然的，它不仅以其特殊的方式维护着个人的利益和权利，而且对建构我国市场经济条件下政府职能的新模式有着重要的意义。这种市场和市民社会二者在国家和个人关系中的积极博弈对于确立国家与社会和国家与市场间的“良性结构性安排以及这种安排的制度化”是非常有意义的，即可以在国家进行宏观调控或必要干预与社会自主化进程（或称为以市场经济为基础的市民社会的建构进程）间确立制度化的关系模式和明确的疆域。市民社会与市场及个人自由天然地结合在一起，而国家与政府本质上是一体的。因此，如何处理

好国家与个人利益的关系，实质上就是如何建构全球化背景下的国家路径问题，而这个问题就自然地和我国目前正在进行的全面改革潮流一致起来。

市民社会理论在其“移植”的过程中，必然存在着“本土化”的问题，因为中国市民社会的觉醒和发生有着自己特殊的历史背景。中国所实行的社会主义市场经济不同于西方意义上的自由市场经济，其性质是社会主义的，这就决定了它必然有着自身的特点，因为从发生学上来看其存在的土壤是“中国式的”。

首先，中国社会的特殊发展历史决定了规范意义上的中国市民社会的自我建构和发展面临着巨大的困难。在历史上，中国社会的最大特征之一就是中央高度集权的专制政体。这种政治体制的模式及其社会经济和文化根基对于重新确立国家与社会之间新型关系是一种严重的障碍，尽管改革开放以来这种状况得以改观，但不可能在短时间内形成根本性的变化，要变中国人现有的“草民心态”为“公民意识”必须有一个过程，因此，一个规范而又合理的市民社会不可能在近期得到实现。

其次，相比而言，中国市民社会的发展具有后发性优势。西方国家有关市民社会的各种宏大叙事以及话语理论都将直接对我国市民社会的理论发展产生积极影响，西方市民社会现实的蓬勃发展更是可以为后发的中国市民社会提供活性标本式的丰富资源，这些都将对于加速中国市民社会的发蒙和发展产生重要意义。

最后，在国家与市民社会的结构性关系问题上，中国市民社会与国家二者之间具有很强的兼容性和一致性。因为我们实行社会主义，这在逻辑上就优先肯定了社会在国家框架中的优越地位，而这恰恰就从发生学上部分化解了国家与社会的二元对峙和冲突，这样就为国家和社会各自的发展节约了很大的成本，走出了西方式的“社会先于国家”或“国家高于社会”的“市民社会对抗国家”的模式，而主张市民社会与国家二者之间的“良性互动说”。

第二节　经济法的经济基础

一、市场经济：经济法的经济基础

（一）市场经济及其特点

所谓市场经济，就是指以市场作为资源配置的基础和主要手段的经济运行方式。应该注意的是，这里的资源主要是指“用来生产能满足人们需求的东西或劳务”，它不仅包括天然资源，还包括人力资源、资本资源等。具体而言，在市场经济体系下，整个社会经济的运行以市场为中心，生产、流通、分配和消费四个过程都以市场为导向；社会资源与生产要素通过市场竞争来配置，市场决定它们的配置流向，并依靠市场供求力量形成均衡价格；价值规律及其实行机制（即市场机制）是调节经济运行的主要机制。总的来说，市场经济具有以下六个特点。

1. 资源配置的市场化

资源是社会经济活动中人力、物力和财力等要素的总和，是社会经济的发展基础。相对于人的欲望而言，资源总是稀缺的。所以，通过一定的方式将有限的资源合理配置到社会的各个领域，以实现资源的最佳利用非常重要。市场经济和计划经济的根本区别在于资源配置的方式不同，市场经济社会的资源配置主要是通过市场机制完成的，计划经济社会的资源配置方式主要是通过行政命令的方式完成的。在市场经济社会，各种资源在经济运行中都直接或间接地进入市场，由市场供求形成价格，进而实现资源在各个部门和企业之间的流动，资源得以合理配置。

2. 企业的自主性

在市场经济下，作为市场主体的企业既是明确的产权主体，又是独立的经营主体和责任主体，是一个独立的商品生产者和经营者。企业作为市场经济的独立主体，拥有相当完整和充分的权利，经营什么、生产多少、如何经营等微观决策往往都是由企业自主决定的。显然，企业的自主性是市场经济的重中之重，是市场经济的起点和动力源泉。

3. 市场的竞争性

市场经济社会经济运行的基础是市场竞争，竞争是企业发展的原动力，市场主体为实现其自身利益的最大化，互相之间进行经常性的竞争是必然的。市场竞争对企业形成经常的动力和无情的压力，优胜劣汰成为常态。但是，市场竞争的有效性和公平性非常重要，为了维护市场竞争的有序性和公平性，政府往往会完善相关法律机制，创造出适宜的竞争环境，为企业提供公平竞争的机会。

4. 企业的营利性

市场主体的生产经营活动并不是为了自己消费，而是为了盈利，为了将其所获利润分配给其投资者，资源的配置首先考虑的是经济效益，投资决策也受利益左右，这是企业的本质使然。企业家并非慈善家，办企业就是为了盈利，为了赚钱，企业要靠自身经营才能发展，才能养活员工，才能创造更多就业岗位和社会价值。

5. 市场的开放性

市场经济具有较强大的扩张力，它可以突破部门和区域的界限，向更广阔的部门延伸，从而把国内市场和国际市场融为一体。市场经济社会经济活动的国际化不仅是商品和服务贸易、资金流动、技术转让等方面，还表现为一系列被广泛认可和参与的市场法规和国际规则，正是这些规则和惯例使一国经济与世界经济能自由地对接与交流，国际大循环随即自然形成。

6. 市场机制的局限性

市场经济的缺陷非常明显，即使市场机制能够发挥其固有的功能，但还是受到市场失灵的限制。譬如，在市场经济社会，个人和企业往往会为了自身利益而努力，但对社会公共投资并不积极；即使个人和企业为了防止公害而努力，但因外部性的存在而难以妥善解决公害问题等。而且，市场机制无法解决分配不公等问题，无法反映未来需求，难以解决未来的不确定性，市场机制的局限性不言而喻。

（二）市民社会与市场经济的关系

1. 市民社会与市场经济密不可分

纵观市民社会及其理论，不难得出两个基本点。

第一，市民社会市民之经济成分是商品生产者，市民社会的经济本质为商品生产和交换。所以称市民社会为商品社会、市场经济社会并不为过。其实，马克思早已认识到了这一点，他说：“在生产、交换和消费发展的一定阶段上，就会有一定的社会制度、一定的家庭、等级或阶级组织，一句话，就会有一定的市民社会。”市民社会“始终标志着直接从生产和交往中发展起来的社会组织”。市民作为商品生产者不是为了消费而生产，而是为了交换而生产，因而商品交换成了市民之间的纽带。商品按照其“价值尺度在权利平等的商品所有者之间自由交换……是现代市民社会全部政治的、法律的和哲学的意识形态建立于其上的现实基础。”

第二，市民社会与民商法密不可分，“民法准则只是以法律形式表现了（市民）社会的经济生活条件”。市民社会之市民倡导、张扬、依赖、信守民法理念。①身份平等。身份平等是商品生产和交换的首要条件，而市民恰好是天生的平等派，自由平等原则已成为其“成见”。②权利神圣。完整的人格权和界限确定的私有财产权特别是所有权，是市民安身立命的根本，是市场交换的前提。③意思自治。市民“与谁交往”“如何交往”，完全取决于其自己的真实意愿、利用契约为之，他人无权干涉。由具有“私人任性”之契约构筑的市场，为市民社会经济上之表现。

“从历史上看，近代市民社会就是在市场经济的驱使下，沿着逐步摆脱国家权力中心，求得经济发展的自由，进而实现城市自治的道路建立起来的”。也就是说，最初市民社会和市场经济是一体的。黑格尔认为，“市民社会并不是存在于一切历史时期，而是只存在于市场经济社会之中。只有在市场经济社会之中，个人才摆脱了自然纽带的束缚而作为独立的个人存在，他们才因相互需要的交换关系而联结为一个社会”①。如果将市民社会定义为“需要的体系”，市场交换关系将会支配这一体系。马克思认为，经济关系很大程度上可以理解为市民社会，他说，“市民社会这一名称始终标志着直接从生产和交往中发展起来的社会组织”，“私人的经济生活须从国家政治的全面行政干预中摆脱出来，成为自主的社会活动”。其实，早期资产阶级思想家们坚持独立的经济交往领域，从而形成独立于政治国家的私人领域，最终得到市民社会这一私人自主领域。“正是由于市场交换体系的形成，才使独立于政治国家的私人领域形成了一个因商品交换关系而联结起来的整体，才使市民社会成为独立于政治国家的私人自主领域。”可见，市场经济对于市民社会的发展起着极其重要的推动作用。

2. 市场经济离不开市民社会

毫无疑问，市民社会与市场经济密不可分，没有发达的市场经济，就不会有成熟的市民社会；没有成熟的市民社会，也不会有发达的市场经济。第一，市场经济社会离不开独立的商品生产者，更离不开商品的生产和交换；而市民社会的本质是商品的生产和交换，构成其基础的市民正是商品生产者。第二，在市场经济体制下，产权独立，契约自由，分散决策，各负责任，并追求经济利益和物质刺激。而市民社会之市民均是独立的自身利益的最佳判断者，为了实现自身利益，他们必然要进

① 王新生. 黑格尔市民社会理论评析［J］. 哲学研究，2003（12）：53-58.

行商品交换。而且，市民的交往和商品交换是以契约的形式实现的，而契约是以意思自治为原则的。第三，市场经济产生的基础是社会分工和专业化协作。正是由于近代以来生产力的迅速发展，推动了社会分工和专业化协作的进程，商品生产和商品交换才获得了普遍、迅猛的发展，市场经济才得以产生。而社会分工和专业化协作源于市民社会市民之本性使然。市民社会之市民都是理性人，熟悉自己的情况和周边的环境，知道自己应该干什么不应该干什么。而且，市民社会之市民虽为“利己人”，但他也深知只有借助于他人，才能实现自己的福利。所以，社会分工和专业化协作是市民社会的常态。第四，市场经济产生的根本原因是个人劳动与社会劳动的矛盾。处于社会分工体系中的劳动者的个人劳动本来都具有一定的社会性，即他们所生产的不是为自身消费的使用价值，而是为社会、为他人消费的使用价值。但是，如果他生产的产品的质和量不符合社会需求，则他的个人劳动不能直接等同于社会劳动。个人劳动要转化为社会劳动，就必须通过交换并借助于价值形式和市场机制来实现，即劳动产品必须转化为商品，“生产、交换、商品、市场”等则是市民社会的本来面目。

3. 市民社会离不开市场经济

第一，市场经济造就了市民社会的主体。市民社会形成的一个重要标志，就是大量的个人和组织摆脱了政治权力的束缚，成为非政治的市民社会主体。欧洲近代资本主义市场经济的发展，在不断增强市民社会主体的力量方面发挥了极为重要的作用。第二，市场经济塑造了市民社会的意识形态。世俗化和个体化是市民社会意识形态的最重要的两个特征。而市场经济的发展，使外在世界对于人的神秘感越来越少，人们越来越脱离政治国家意识形态的控制。同时，个人不断挣破原有制度下的各种禁锢性的规范，努力在生活中体现个人的意志。第三，市场经济塑造了市民社会的自治体制。市场经济表面上看似一盘散沙，但在其背后有着其内在的调节机制。与市场经济成为双生子的市民社会，是一个非政治的公共领域，表现为各种社会组织，也即黑格尔所说的社团，市场经济的发展促进了这些组织的发展，同时，这些组织反过来也会对市场经济起着某种矫正作用。而这些社会组织正是市民社会进行自治的主要根基。第四，市场经济拓展了市民社会的活动空间。在政治国家和社会高度一体化的国度中，人们的社会生活直接是政治生活，市场经济的发展让人们冲破政治的藩篱，出现了自由的个人空间。第五，市场经济促进了市民社会法律理念和制度的形成。市场经济是以对私有财产权的尊重以及契约和交换为基础的经济形态，在此基础上形成了市民社会的法律理念，如平等、自由、私有财产不可侵犯等。同时，在此理念基础上形成的近代欧洲法律制度，同样也离不开市场经济这一根基。

（三）现代市场经济：经济法的经济基础

现代市场经济，是指以现代生产力（电子化、信息化）为基础，以生产资料的集团化、社会化、国家化为特征，国家会适时干预的市场经济。在现代市场经济中，市场机制依然是资源配置的基础，换句话说，在现代市场经济社会市场在资源配置中起着决定性的作用。“市场调节”和“政府调节”都非常重要，经济运行遵循市场自身的客观规律，政府调节建基于市场调节基础上，以弥补“市场失灵”。也就是说，现代市场经济社会的政府调节不是否定市场机制而是承认市场的重要性及其功能的。当然，现代市场经济也不会是从天上掉下来的，而是从古典市场经济发展来的。

古典市场经济，是指以古典生产力（大机器）为基础，以单个厂商占有生产资料为特征，政府充当“守夜人”角色的市场经济。古典市场经济的典型形式是资本主义自由竞争时期的市场经济。资本主义自由竞争时期，政府充分尊重市场主体的权利和自由，国家坚信，市场通过自发调节即可达到社会资源分配最优化。正如亚当·斯密（Adam Smith）所言，每个行为人在自身利益的驱动下的自由选择会形成一种自然秩序，市场机制作为一个自由体系具有自发实现人类经济生活平衡的功能，市场这只“看不见的手”会促使每个人去实现并非属于他原来意图的目标，使市场资源配置达到最优状态。

但是，这种理想化的“帕累托最优”状态在现实中是不存在的。事实证明，缺乏政府调节和法律规制的市场是难以有效运行的。在市场中，各主体相互交易发生联系以追求各自的私利，主体为了追求利益，往往有不符合自然法价值、侵犯他人利益的行为，对于这些违反市场竞争秩序的行为，需要法律的规制和政府的调节，否则，市场将进入无序的状态。而且，在商品经济十分发达的现代市场，垄断现象几乎无处不在。垄断易导致恶性竞争出现，中小企业要么无法进入市场与垄断企业竞争，要么为了与垄断企业抗衡，降低生产成本而生产伪劣商品。并且垄断导致的恶果最终由消费者买单，消费者接受垄断企业高于边际成本的价格，或接受其他企业的伪劣商品。显然，在市场经济社会，“市场失灵”现象的出现实属必然。

“市场失灵”的出现给国家干预提供了契机。国家干预将在以下方面发挥重要作用。第一，维护竞争秩序。国家通过经济立法来规范各类经济主体的行为，限制各种非正当经济行为，恢复并维护公平竞争的市场秩序。第二，提供公共服务。地质矿产、道路桥梁、文化设施、公共卫生以及学校教育等，对一个国家或社会而言，都是十分重要的。然而这些“公共产品”投资数额大、建设周期长，只有国家提供如此公共服务才算合适，也只有国家更具备提供公共产品的能力。第三，参与经济活动。直接参与经济活动，是国家或政府调节经济的一种重要形式。譬如创办国有企业，特别是通过直接投资方式创建集体或个体无力或不愿创办而又是国民经济必需的大型企业，如投资于基础设施、原材料、能源、交通等产业，以消除制约经济发展的因素，促使产业结构合理化，经济协调发展。第四，影响收入分配。市场经济本身解决不了收入不均的问题，而国家在此方面恰好能弥补市场机制之不足。国家可以通过提高就业率，征收累进的个人所得税和财产税等来调整社会贫困阶层收入的规模分配，消除导致收入分配不公平的经济条件，解决生产要素价格扭曲的问题。

然而，政府的能力也是有限的，政府是由人组成的，人的理性是有限的，政府的能力当然也是有限的，它显然做不到事事精通、无所不能。所以“政府失灵”就成了必然。随着“市场失灵”和“政府失灵”的出现，现代市场经济就顺理成章地成了经济法的经济基础。

二、市场经济在中国

（一）市场经济的标准

虽然没有人会断言，某个国家是市场经济标准国，凡与之有差异者就不能算市场经济国家。但是，差异并不能证明市场经济标准不存在，因差异而否定市场经济标准存在是不正确的。市场经济作为人类历史上一种经济制度，产生于近代，繁荣于现代，与历史上的自然经济不同，也与计划经济不同，当然有其内在规定性，市场经济的内在规定性是存在于各个发展阶段不同的市场经济国家之中的共性。

根据现代经济理论对市场经济的主要概括，从国内外市场经济发展的历史和现实出发，借鉴美国、欧盟、加拿大反倾销对市场经济标准的法律规定，我们认为在对什么是市场经济国家上，有五方面特别重要，也可从中概括出五条带共性的标准。

（1）生产要素市场化，即企业投入方面的生产要素如原材料价格、劳动力工资等是否是市场价格。具体指，一国政府对资源分配的控制程度、产品投入是否以市场价格支付？市场能否决定投入要素的价格？

（2）经济主体自由化，即企业在产销活动中的权利与行为。具体指，企业的产出数量和价格决策有没有政府介入？企业有没有自主的经营和出口权，有没有选择管理层、分配利润和弥补亏损上独立的决定权，有没有协商合同条款并签订合同的自主权？企业所有制形式及国有企业改制情况如何？

（3）政府行为规范化，即市场经济中的政府作用及政府与企业的关系问题。具体指，资源由政府配置还是市场配置？资源的使用和定价是市场决定还是政府决定？政府是否尊重和保护经济主体在经营方面的自主权利，是否对企业有不公平的对待？

（4）贸易环境公平化，即贸易环境与条件。具体指，贸易活动（包括国际贸易和国内贸易）是自由的还是被压制的？市场基础设施和市场立法及司法是否健全？市场中介是否具有独立性？贸易政策中的企业定价是否是自主的？政府是如何管理出口和出口企业的？企业是否有商业活动的自由？

（5）金融参数合理化，即利率和汇率这两大金融参数的形成和适用范围中的公平性，进而涉及这些参数形成基础即金融体制的合理性问题。具体指，利率和汇率是否由市场形成？本币是否可兑换或可兑换程度？利率在不同企业、内贸、外贸部门、不同产业中是否有差异？企业金融状况是否不受非市场经济体制的歪曲？企业是否有向国外转移利润或资本的自由？企业换汇及存汇方式是否有自主权？

（二）中国市场经济的发展

根据这些标准判断，我们可以得出结论，中国已进入市场经济社会。但是，到目前为止我国仍然没有建立完全的市场经济体制，一些重要的行业还仍然由国有公司或国有控股公司垄断，还有很多国家并不承认中国完全的市场经济地位。从历史上看，我国的市场经济有着久远的渊源——早在春秋时期，自由市场的倡导者们提出“藏富于民”“不与民争”，倡导分权与私有化，主张自由“国际”贸易和缩小政府规模，并认为价格应由市场供求来决定。基于以上思想而进行的管仲改革曾使齐国富甲天下。但是，我国的市场经济并没有从此就走向发展、成熟的

道路。中国的市场经济之路始于1978年的改革。1978年，中国开始对计划经济体制进行改革；1992年，中国明确提出建立社会主义市场经济体制的改革目标；2002年中国共产党第16次全国代表大会向世界宣布，中国社会主义市场经济体制已初步建立。

实事求是地说，改革开放以来，中国经济的市场化进程已经取得了举世瞩目的成就。首先，政府职能从服务于计划经济转向服务于市场经济，市场在资源配置中发挥了基础性作用。政府逐步从直接的大量的企业管理中退了出来，成为宏观管理和社会管理者。1994年财税、金融、外汇、投资等体制改革后，中国已建立了与市场经济相适应的宏观管理体系。其次，多种所有制经济共同发展的格局基本形成。非国有经济已成为支撑国民经济的重要力量。而且，市场体系逐步完善。金融市场从无到有并日趋完善，劳动力市场近年来发展快速，房地产市场稳步发展，技术市场、信息市场逐步形成。商品、生产要素和服务品的价格绝大多数由市场形成，利率正在市场化，以市场为基础的、有管理的浮动汇率制度有效地发挥着作用。非国有经济的发展、要素市场的发育，以及法治环境的改善，都对市场化的推进作出了重要贡献。但要素市场发育和市场运行的法治环境，仍然是我国市场化的短板。在政府与市场关系方面和产品市场发育方面，还需要扭转市场化停滞或下滑的趋势，确立市场对资源配置的决定性作用。

2020年4月，中共中央、国务院《关于构建更加完善的要素市场化配置体制机制的意见》（以下简称《要素市场化配置意见》）正式公布。《要素市场化配置意见》明确了要素市场制度建设的方向和重点改革任务，对于形成生产要素从低质低效领域向优质高效领域流动的机制，提高要素质量和配置效率，引导各类要素协同向先进生产力集聚，推动经济发展质量变革、效率变革、动力变革，加快完善社会主义市场经济体制具有重大意义。

《要素市场化配置意见》的基本原则如下。①市场决定，有序流动。

充分发挥市场配置资源的决定性作用，畅通要素流动渠道，保障不同市场主体平等获取生产要素，推动要素配置依据市场规则、市场价格、市场竞争实现效益最大化和效率最优化。②健全制度，创新监管。更好发挥政府作用，健全要素市场运行机制，完善政府调节与监管，做到放活与管好有机结合，提升监管和服务能力，引导各类要素协同向先进生产力集聚。③问题导向，分类施策。针对市场决定要素配置范围有限、要素流动存在体制机制障碍等问题，根据不同要素属性、市场化程度差异和经济社会发展需要，分类完善要素市场化配置体制机制。④稳中求进，循序渐进。坚持安全可控，从实际出发，尊重客观规律，培育发展新型要素形态，逐步提高要素质量，因地制宜稳步推进要素市场化配置改革。

第三节　经济法的理论基础

一、经济法的经济学基础

中国的部分学者认为，自由竞争资本主义阶段占统治地位的经济学理论是以斯密为首的自由放任主义经济学，但随着资本主义垄断阶段的到来，经济危机愈演愈烈，在“看不见的手”之外，必须依靠“看得见的手”对经济进行干预，凯恩斯经济学成为经济法产生的理论基础。但也有专家认为，经济法的经济学基础是多元的而不是单元的，自由主义经济学和政府干预主义经济学甚至马克思主义经济学都对经济法的产生起到了举足轻重的作用。

（一）自由主义经济学

自由主义经济学最杰出的代表人物是亚当·斯密，他在《国富论》一书中提出的“看不见的手”的理论一直稳坐古典学派的“头把交椅”。

而且，自由主义经济学很快便成为各国经济政策的理论依据。亚当·斯密认为，人们在从事经济活动时，追求的是个人利益，通常并没有促进社会利益的动机，然而在各事物都听任其自然发展的社会里，这种追求个人利益的活动会促进社会的利益。他说，每个人虽未打算促进公共利益，但“由于他管理产业的方式目的在于使其生产物的价值能达到最大程度，他所盘算的也只是他自己的利益。在这种场合，像在其他许多场合一样，他受一只看不见的手的指导，去尽力达到一个并非他本意想要达到的目的。也并不因为非出于本意，就对社会有害。他追求自己的利益，往往使他能比在真正出于本意的情况下更有效地促进社会的利益。”在亚当·斯密看来，在完全竞争的市场条件下，市场机制的自发调节作用可以达到“帕累托最优”状态，即通过生产资料的重新组合，调整福利分配，会实现全社会福利的最大化。以马歇尔为代表的新古典经济学也认为，资本主义是一架可以自行调节的机器，只要通过市场自由竞争，充分发挥价格机制的调节作用，就能达到商品的供需平衡，不会出现生产过剩的经济危机。

虽然从表面看来，自由主义经济学说似乎认为国家应该凌驾于社会之上，对经济不起干预作用而只满足于仲裁人的角色。但实际上，自由主义经济学并不完全排斥政府调节，而是认为国家应该维持经济秩序。亚当·斯密在他的《国富论》中就指出政府应该承担三种职能：保护国家，使其不受外国侵犯的职能；维持公正与秩序的功能；建设并维持一定的公共事业及公共设施的功能。事实上，在资本主义生产方式的全部历史中，资本主义国家一直在干预经济，区别仅在于干预的范围和程度。一些经济学家也清醒地看到了自由主义竞争时期政府调节经济的现实，所以，斥责国家仍然在一定范围内对经济实行干预为“重商主义的复活”。

由于自由主义经济学主张市场机制，主张自由竞争，又不排除国家对经济的干预，所以，认为自由主义经济学是经济法的经济学基础之一，是合理的。

（二）国家干预主义经济学

虽然，“看不见的手”具有神奇的功能，自由主义经济学理论在体系上也日臻完美。但是，20 世纪 30 年代的经济危机仍然使古典学派一筹莫展，尽善尽美的“市场神话”也随之冰消瓦解。经济危机带来了一系列严重社会问题，如失业、环境污染、贫富差距扩大等，西方国家不得不关注以往从未干预的社会领域以协调自由竞争导致的社会矛盾，恢复社会稳定局面。与此同时，对市场调节可自动达到“帕累托最优”信念的动摇，孕育出以凯恩斯（Keynes）为代表的国家干预主义理论。凯恩斯在《就业、利息和货币通论》一书中提出了“看得见的手”的理论。他认为要解决经济危机对资本主义的威胁，必须扩大国家的经济职能，抛弃自由放任政策，由政府调节私有经济的活动。他看到了传统自由放任主义政策的不足，承认资本主义制度存在着失业、分配不均等缺陷，认为在私人经济无法自动使总需求与总供给趋于一致的条件下，政府有必要对需求进行调节，以稳定资本主义经济。国家干预主义经济学强调国家对经济的宏观调节，适应了垄断资本主义存在与巩固的需要。

凯恩斯主义的出现，是西方经济理论和政府政策由经济自由主义占主流地位向现代国家干预主义占主导地位转变的标志。面对西方国家国民经济崩溃的局面和各国政府调节经济的事实，凯恩斯创立了有效需求原理和政府需求管理政策，完成了经济学说和经济政策史上的“革命”。凯恩斯认为，仅靠市场机制的自发调节作用不可能实现充分就业，必须依靠政府调节来刺激总需求；国家只有通过财政、货币、福利等政策积极干预市场，才能达到充分就业的目标。在凯恩斯的经济学说中，政府对经济的干预与调节被放置到一个前所未有的高度。他认为，国家干预和调节经济生活是政府经济行为的基点。政府针对有效需求不足即小于充分就业的经济运行状态，需要选择政策手段将其调整到充分就业的均衡状态。显然，“有效需求不足”和“非充分就业均衡”理论的提出，为国家干预和调节经济生活制造了理论依据。在凯恩斯主义的指导下，西方国家纷纷以国家干预理论为政策指导，使用计划及其他经济手段对经济实行干预。

“二战”后，凯恩斯经济学成为资本主义国家的官方经济学，各国政府均采纳凯恩斯的理论作为制定经济政策的依据。凯恩斯主义经济学的推行，在一定程度上使资本主义的固有矛盾得到了缓解，资本主义各国经济也一度出现罕见的繁荣。但是，凯恩斯主义政策不可能根本消除资本主义的固有矛盾。凯恩斯主义经济学后来被货币主义、供给学派取而代之。供给学派强调发挥市场机制的调节作用，反对国家过分干预经济的运行。他们主张国家应该对经济活动进行适度的干预，从而实现经济的高效率。

国家干预主义经济学主张国家主动干预社会经济的运行，以解决“市场失灵”等问题。显然，这种干预并不是抛弃市场机制而代之以由国家包揽经济社会的一切，它是建立在市场机制基础之上的。所以，国家干预主义经济学也是经济法的经济学基础之一。

从以上分析可以看出，经济法是自由主义经济学和国家干预主义经济学“磨合”的产物。就经济法母国的德国而言，被划入国家干预主义的官房学派和历史学派均未否定市场的作用。官房学派虽然主张依“家长方法”之经济政策来领导国民经济生活，但在反对封建行会独占制度、受伏尔泰等启蒙思想家影响等方面放出一线自由之光。历史学派虽然强调经济学应该建立在国家利益之上，但它也无法抹去自由主义经济学在德国经济思想上留下的明显痕迹。所以，可以认为，自由主义经济学和国家干预主义经济学共同构成了经济法的经济学基础。

二、经济法的法哲学基础

20 世纪西方法学领域最重大的事件和最突出的成就是出现了社会

法学派，社会学法学的兴起是经济法产生的法哲学基础。社会学法学或者说法律社会学的最初理论形态，是法国孔德（Comte）社会学理论和实证主义哲学，以及英国斯宾塞（Spencer）的有机体生物学法学理论，但是它的正式开端是耶林（Jhering）和契克（Chick）。作为德国社会学法学的先驱，耶林本是历史法学派的嫡系，只是在19世纪70年代后才幡然改途，创建了目的法学。他倡导的法哲学是以“社会的目的”为核心的，即法应当来自社会目的，并为社会目的服务；法律并非像数学般的逻辑产生，法律是应现实生活之要求、基于利益追求而产生的。耶林批评当时的法学生活在“概念的天国”，强调法律乃人类意志的产物，有一定的目的，所以应受“目的律”的支配。耶林对康德（Immanuel Kant）法哲学中蕴含的个人主义也进行批判，认为法学的重心应该转移到社会、社会目的以及达成这些目的的方法，不应过分注重个人权利及利益。他说，任何的人类生活不单是为自己存在，同时也是为社会存在；一切人类都应该为人类文化之目的服务。

有人认为，耶林之后，法学界最伟大的学者是契克，契克对法学的贡献源于他对“团体”所进行的历史性、系统性的分析。他认为法律的基本分类不是“私法”与“公法”，而是“个人法”和“社会法”。所谓个人法是指国家管理个人及团体的彼此私人间的关系；所谓社会法则是国家管理团体中内在的活动及全体的关系。契克对现代法学的最大贡献正是他首次提出了社会法领域的存在。他强调社会集团的内部活动以及社会中的规范是法的渊源，因此，法作为一种社会现象，植根于社会集团的规范之中。

社会法学派把法学传统与社会学的概念、理论和方法结合起来研究法律现象，注重法律的社会目的、作用和效果，强调社会不同利益的整合。社会法学派的价值观念基本上是“社会本位论”。社会本位与个人本位是相对的，在社会与个人的关系上，社会法学派强调社会、社会合作、社会整体利益。社会学法学在20世纪出现有其深刻的社会原因。

垄断资本主义的出现使旧的利益结构急剧变动，新的利益结构正在形成，新旧利益的冲突不可避免，法律的社会化成为时代的潮流。法律社会化把个人利益与社会利益有机联结，并以保障社会弱者为特征，这些社会问题和法律实践要求对法学理论做出调整。如果法学的对象依然与现实社会脱节，局限于现有法律制度的要素和结构分析，而且只是像分析法学家那样机械地注释成文法和判例法，而不能为国家运用法律手段解决问题提供指南或提出意见，就不能适应社会和法律实践的需要。

社会法学派主张打破概念法学的束缚，强调法哲学范式的转变，倡导对社会利益的关注，为经济法学的产生奠定了坚实的法哲学基础。

第三章　经济法的原则

第一节　经济法基本原则概说

一、法律原则概说

所谓原则，是指认识、分析、处理事物、事件的准则；所谓法律原则，是指法律调整社会关系和人们行为的准则，“是超级规则，是制造其他规则的规则”。法律原则是法律规范产生的基础，是法律制定与实施过程中的指导性要求与标准，它往往集中的体现法的本质和法的价值，反映法的调整对象的客观性与发展规律。

法律原则具有以下特点。第一，抽象性。法律原则是从经济、政治、文化以及法律自身抽象出来的一种规则，它可能是国家政策的定型化，也可能是社会公理的定型化；它不规定具体的权利和义务，不涉及特定的行为模式。法律原则蕴含着更高的道德含义，具有高度的抽象性。第二，稳定性。由于法律原则集中体现了事物的性质和规律，所以稳定性非常显著。正是借助于法律原则的稳定性，法律才保有了较高的稳定性和权威性。第三，指导性。法律原则是超级法律规则，经常在较大的空间和较长的时间内对人们的行为起目的性、价值性和方向性的指导作用。与法律原则的可操作性低相对应，法律原则的指导性却十分明显。

法律原则在法律的制定和实施过程中有十分重要的作用：①为法律规则和概念提供基础或出发点，对法律的制定和解释具有指导意义；

②许多法律原则的作用与规则无异，可直接作为断案的依据；③赋予法官“自由裁量权”，当某一案件的特殊事实导致适用原有规则不公正时，法官可借助法律原则创造法律并做出裁决。

法律原则首先可以分为政策性原则和公理性原则。政策性原则是指一个国家在一定时期内为了在经济、政治、文化等方面实现一定的发展目标、战略任务而需要执行的路线、方针、政策等方略。政策性原则具有鲜明的时代特色和民族特色。公理性原则是指从社会关系性质中产生并得到广泛认同的被奉为法律公理的原则，它是严格意义上的法律原则。譬如刑法的罪行法定原则、民法的诚实信用原则等。另外，法律原则还有宪法原则和其他部门法原则之分。宪法原则高于其他部门法原则，其他部门法原则要接受宪法原则的指导和约束。凡是属于宪法性原则，必有若干其他部门法原则相对应使其得以落实和具体化，譬如宪法有“法律面前人人平等原则”，民法、刑法、行政法、诉讼法、经济法等部门法有形态各异的“平等”原则。

二、经济法基本原则概说

（一）经济法基本原则释义

所谓经济法基本原则，是指经济法调整特定社会关系和人们行为的准则，是超级规则，是制造其他经济法规则的规则。经济法基本原则是经济法律规范产生的基础，是经济法律制定与实施过程中的指导性要求与标准，它往往集中地体现经济法的本质和价值，反映经济法调整对象的客观性与发展规律。

显然，经济法作为法律体系中的一个部门法，其基本原则同样是法律原则的一种。法律原则实质上是法的总原则，即最高原则，当然适用于所有法律部门以及法律部门的各个法的领域。但是，在法律原则之下，各法律部门还有各自的基本原则。这些基本原则虽然要受法律原则的统帅，但它们仍有相对的独立性，一句话，法律原则不能代替各部门法原则。同理，法律原则是经济法基本原则产生的依据，经济法基本原则不能也无法超越法律原则的“框架”，但是经济法基本原则同样具有独立性。

经济法基本原则抽象于经济法律规范，贯穿于经济法律规范的全过程，它不仅对经济执法、司法、守法有指导意义，而且对经济立法也有指导意义。具体而言，经济法基本原则的作用在于以下三点。第一，经济法基本原则是理解和解释经济法律其他条文的基准。作为经济法中的超级规则，经济法基本原则位于一般经济法律规则之上，是这些规则的高度抽象与概括。因此，经济法基本原则对一般经济法律规则具有指导意义，是理解和解释其他经济法规则的基础。第二，经济法基本原则是法官断案的依据，也是一切经济法主体应遵守的行为准则。第三，当适用一般经济法规则出现歧义时，法官应以经济法基本原则为指导，废弃不符合经济法基本原则之规则含义，做出符合经济法基本原则之“自由裁量”。

（二）经济法基本原则的研究现状

1. 关于经济法基本原则含义的不同观点

经济法基本原则是经济法的一个基本理论问题，相对定型的经济法基本原则对经济法理论的构建与实践具有十分重要的意义和价值。我国学者虽然对此做了很多有益的探索，但到目前为止，还是众说纷纭，莫衷一是。

学界对经济法基本原则的含义就有不同的认识，其中具有代表性的观点如下。第一，经济法灵魂说。其代表人物是史际春，他认为，经济法基本原则是经济法的灵魂和建构经济法体系的依据，是经济法宗旨的具体体现，是经济法的规范和法律文件所应贯彻的指导性准则。第二，经济法本质说。其代表人物是刘隆亨，他认为，经济法基本原则是经济法本质的具体表现，是实现和发挥经济法作用的根本保证，也是经济立法的基础，是执行经济法律法规，进行经济管理、处理经济关系的依据。第三，指导思想说。其代表人物是苏惠祥，他认为，经济法基本原则是指贯穿于经济法制全过程，并为经济法制和经济法规范所确认和体现的总的指导思想和根本法律准则。第四，调整原则说。其代表人物是戴凤岐，他认为，经济法基本原则也称经济法的调整原则，是指各种经济法律所共同遵循的基本准则，只有正确确定经济法基本原则，才能保证经济立法、经济执法和司法的科学和准确。第五，精神实质说。其代表人物是邱本，他认为，经济法基本原则就是经济法的精神实质和实践纲领。以上观点虽有相通或相似处，但其描述毕竟是不同的，这也说明了经济法理论的非成熟性。

2. 关于经济法基本原则内容的不同揭示

学界对经济法基本原则内容的揭示也颇为不同，比较有代表性的有以下七个方面。第一，一原则说。譬如漆多俊教授认为，经济法的基本原则最核心的内涵便是：注重维护社会经济总体效益，兼顾社会各方经济利益公平。第二，二原则说。譬如邱本教授认为，经济法的基本原则主要有二，一是计划原则，二是反垄断原则。第三，三原则说。譬如史际春教授认为，经济法基本原则应当是平衡协调原则，维护公平竞争原则以及权、责、利相统一原则。第四，四原则说。譬如徐孟洲教授认为，经济法的基本原则有遵循和综合运用客观经济规律的原则，巩固、发展社会主义公有制和保证各种经济成分合法发展的原则，保障和促进市场机制与宏观调控相结合的原则，责、权、利、效相统一的原则。第五，五原则说。譬如徐杰教授认为，经济法基本原则是经济法特有的原则，它们是：国家统一领导和经济实体自主经营相结合的原则，责、权、利相结合的原则，国家、集体、个人利益相结合的原则，注重经济效益的原则，奖励和制裁并重的原则。第六，六原则说。譬如刘隆亨教授认为，经济法的基本原则主要包括六条原则：按客观经济规律办事的原则，坚持和发展社会主义公有制与保护非公有制共同发展的原则，国家宏观调控与市场机制相结合的原则，实行责、权、利相结合和国家、集体、个人利益相统一的原则，兼顾公平与效率的原则，经济民主与经济法制相结合的原则。第七，七原则说。譬如李昌麒教授认为，经济法的基本原则主要有七个原则：资源优化配置原则，国家适度干预原则，社会本位原则，经济民主原则，经济公平原则，经济效益原则，可持续发展原则。

以上经济法基本原则诸说，大都不同程度地存在一些缺失。第一，将非法律的原则表述为一种法律原则，如资源优化配置原则。第二，将法律的一般性原则表述为经济法所特有的原则，如权、责、利相统一原则。第三，将经济法子法的原则错位为经济法的基本原则，如反垄断原则。第四，将经济法的价值作为经济法的基本原则，如经济民主原则。第五，将经济法的调整方法作为经济法的原则，如平衡协调原则。

由经济法基本原则研究现状的“多元”可以看出，中国的经济法学理论有待更深入研究。中国的经济法学者在经济法总论研究的漫漫征途上，还须长期上下而求索。

（三）经济法基本原则的确立依据

1. 确立经济法基本原则的原因

作为一种普遍性的规范，法律与其所调整的社会关系之间有着不可避免的矛盾，譬如法律是普遍的而社会关系是具体的，法律是相对稳定的而社会关系是不断变化的等。这些矛盾的存在意味着法律自身具有局限性。为了弥补法律自身的不足，赋予法官以自由裁量权，不失为一种正确的选择。但法官的自由裁量权必须受一定规则的限制，否则可能导致法官徇私枉法的不良后果。法律原则作为一种抽象于具体法律规则的超级规则，既能限制法官的自由裁量权，又不至于拘束法官的手脚，是一种理想的法律弥补途径。

正因为法律原则是由法律自身所固有的矛盾和局限性决定的，所以可以说，只要是法律，就一定有法律原则。经济法也不能例外——如果经济法没有基本原则，它将是不完善的。经济法必须有自己的法律原则即经济法基本原则，原因与法律原则的存在有相似性。第一，经济法规范也是一种普遍性规范。作为一种普遍性规范，它同样具有一定的抽象性、模糊性等特点。这与具有广泛性、复杂性的市场主体之间、政府与市场主体之间的“社会公共性经济关系”有相当的冲突。“社会公共性经济关系”是与时俱进的、变动不居的，而经济法则是相对稳定的。为了解决经济法与其所调整的社会关系之间的矛盾和冲突，为了弥补经济法之局限，确立经济法基本原则非常必要。第二，经济法是市场经济社会特有的一种法律现象，它的宗旨主要是保障市场经济的良性运行。而市场经济是一种比较复杂的经济运行机制，任何人、任何机构都不可能对市场经济的所有具体情况有一个正确全面的认识。显然，经济法不可能穷尽市场经济的一切，也不可能对市场经济的所有具体情况详尽立法。这样，经济法留下的“空白”就要由经济法基本原则来补充。

2. 确立经济法基本原则的依据

经济法是一个独立的部门法，经济法基本原则虽与法律原则有相通处，但经济法基本原则又有其个性。所以在确立经济法基本原则时，既不能将非属于法律原则的东西（譬如自然规律、思维规律等）确立为经济法基本原则，也不能将法律的最高原则（譬如公平原则、效率原则等）确立为经济法基本原则。经济法基本原则虽属于法律原则的范畴，但只能将次高一级的法律原则确立为经济法基本原则。同时，经济法各部门法都有自己的基本原则，譬如反垄断法的反垄断原则，这些原则也不能成为经济法的基本原则。经济法基本原则的确立应该遵循以下准则：

第一，反映经济法的特质。经济法基本原则是经济法所调整的社会关系对经济法调整的特殊需求的集中反映，它与经济法的本质一样，是区别于其他法律部门的重要标志。所以，凡属法的一般原则或其他部门法的基本原则，都不应作为经济法的基本原则。

第二，体现经济法的基本内容。经济法的基本原则应当是经济法基本内容的集中表现，所以经济法的基本原则应该能够涵盖经济法的所有内容或者是最主要的内容，否则与基本原则的内涵不符。

第三，具有经济法规范的性质。作为经济法的超级规则，经济法基本原则当然属于经济法规则的一种。所以，经济法基本原则与经济法的其他规则一样，应具有法律规范的一般性质，譬如可操作性、可适用性、可诉性等。不具有经济法规则性质的东西譬如经济规律就不能成为经济法的基本原则。

第四，指导经济法规则的适用。经济法基本原则是具体经济法制度的渊源，具体经济法制度是经济法基本原则的展开，经济法基本原则与具体经济法制度之间的关系是纲与目、源与流的关系。所以，经济法基本原则也应当作为理解和解释具体经济法律制度的基准，在具体经济法律制度的适用过程中，经济法基本原则无疑具有指导意义。

第二节　经济法的基本原则

一、诚实信用原则

所谓诚实信用原则，是市场经济活动中形成的道德规则，“它要求人们在市场活动中讲究信用，恪守诺言，诚实不欺，在不损害他人利益和社会利益的前提下追求自己的利益”。一切利用不正当手段进行竞争的行为，都是对诚实信用原则的违反。

诚实信用原则长期以商业习惯的形式存在。譬如，在清代商事习惯法中，诚实信用原则无处不在。首先，诚实信用原则的实践从商事活动

之始起。“行户开市生理，务须公平交易，无得证买欺卖，尔诈我虞。”其次，许多商人努力践行诚信原则，因为，“天之所助者顺也，人之所助者信也”，诚信通商，财源茂盛。最后，清代各行各业的商人自治法中对诚信原则都有具体的规定。从刊刻于光绪三十四年的紫阳县《严禁奸商漆油掺假碑》中得知，该行业对于诚信的要求如下。①统一使用公秤，秉公无欺。②严禁“漆油掺水作假”。③对在油坊中制假者，“油坊知情不禁”亦属违规。④对几种商品进行分类具体规定。⑤规定处罚方法，“轻则酌罚，重则禀官究治”。

经济法调整的是市场主体之间和政府与市场主体之间具有社会公共性的经济关系。市场主体在市场竞争和市场交易过程中需秉持诚实信用原则；政府在处理自己与市场主体之间的关系时亦应该坚持诚实信用原则。在市场竞争（或市场交易）、市场监管（或宏观调控）过程中，无论哪一方都不能损害他人或社会利益，要符合“诚实经营者”“诚实消费者”“诚实监管者”等角色的道德标准，在不损害其他竞争者、不损害社会公益和市场道德秩序的前提下，“以符合其社会经济目的的方式行使自己的权利”“追求自己的利益”。诚实信用原则已“上升为涵盖整个私法领域的基本原则，由补充性规定上升为强行性规定”。首先，诚实信用原则已成为市场经济社会的基本准则，这种准则原本仅是道德规则，现在已成为法律规则，所有市场主体都应该遵守。市场经济社会，市场对资源的配置要起决定性的作用，政府调节应该是补充性的，政府不能越俎代庖，也就是说，政府实际上也是市场主体之一，理应遵守诚实信用原则。其次，民商法是市场经济社会的基础法，经济法是市场经济社会的基本法，诚实信用原则同时为民商法和经济法的基本原则，既符合法理，也与市场实际相吻合。最后，经济法的本质是社会法，以追求社会利益为本位。但经济法并没有否认市场机制，没有否认私人利益，恰恰相反，经济法是建立在承认市场成功、承认私人利益的基础上的。

二、公平竞争原则

所谓公平竞争，是指市场主体之间所进行的公开、平等、公正的竞争。公平竞争原则要求各个竞争者在同一市场条件下共同接受价值规律的作用机制及其评判，并独立承担竞争的结果。所以，公平竞争可以调动市场主体的积极性，使其不断提升产品质量和服务水平，进而推动整个行业乃至社会的进步。

竞争是市场经济的“离合器”，是市场的原生动力。竞争对经营者而言，意味着评判其业绩的标准只能是市场；竞争也只回应一种意志需要——经营者与消费者的意志。这种意志在竞争的初级阶段是真实的、自由的，但由于个人素质的不同和机遇的差异，市场竞争的结果往往会因人而异甚至大相径庭。而且这种竞争结果的不平等具有累加性：它使每个人在下次竞争中处于不同的起点上——上次竞争的优胜者将处于更有利的地位，上次竞争的失败者则由于其处于更为不利的地位而具有更高的失败概率。这种起点的不平等将导致优胜者会以更快的速度前进，失败者则以更慢的速度前行。这样一来，自由竞争就毫无价值，市场机制的也趋于崩溃，此时法律特别是经济法将会发挥其“干预市场”之功能，以恢复自由竞争之市场机制。经济法以公平竞争原则为其基本原则，反映了社会化市场经济的内在要求，从中也可以看出经济法的“后发优势”。经济法的公平竞争原则不仅体现在竞争法即反垄断法和反不正当竞争法中，还体现在它所有的子法中，譬如计划调控法、产业调控法、财政调控法、税收调控法、价格调控法、产品质量法、消费者权益保护法等都有公平竞争的问题。公平竞争原则的出现，是通过国家的“有形之手”来纠正市场的“无形之手”所导致的弊端，同时又力求使“无形之手”在最大范围内、最高程度上发挥作用的产物。经济法的公平竞争原则绝不是对市场主体的一般性要求，它更多的是从宏观层次上追求充分、适度的市场竞争，以实现社会利益的最大化。经济法往往通过设置公平竞争规则和重置诚信规范来达到它的目的。第一，设置公平竞争规则。经济法通过反垄断法等法律制度设置公平竞争规则，以防止独占与垄断发生。虽然垄断等现象的出现可能是契约自由和竞争自由的结果，但垄断一旦形成，将会直接影响其他竞争者的竞争自由和消费者的消费自由。所以，为了消除垄断的消极作用，保持竞争者之间的力量均衡状态和竞争者与消费者之间的选择均衡状态，至关重要。第二，重置诚信规范。在自由竞争的机制下，善意竞争与恶意竞争往往是并存的。而恶意竞争或不正当竞争常常导致市场机制的扭曲，进而损害善意竞争者和消费者的利益。经济法通过反不正当竞争法等法律制度设置诚信规范，以防止恶意竞争和不正当竞争的发生。

经济法的公平竞争原则，并不仅仅指对市场的干预和对恶意竞争者的规制，同时还指对政府的干预。虽然“经济活动的自由，原本意指法治下的自由，而不是说完全不要政府的行动”，但是政府毕竟是一种不得不接受的“恶”，所以政府调节的结果往往不能令人满意甚至事与愿违，干预政府以避免“政府失灵”就成了经济法公平竞争原则的应有之义。根据经济法的公平竞争原则，政府在为宏观调控或市场规制行为时，必须做到两点。第一，资源分配以市场为主要机制。在市场经济体制下，以市场机制为资源分配的主要机制无疑是正确的，政府应该尊重此“游戏规则”，政治国家在介入“私域”时应该慎重而适度。第二，经济政策以民主为重要原则。在现代社会中，国家治理社会与经济的基本规范仍以经济政策为主，这当然是可行的。但应该注意的是，经济政策必须以民主为其重要原则，政府的经济管理和市场操作都要做到公开、公平、公正，不得违背、破坏公平竞争之原则。

三、社会利益优位原则

所谓社会利益优位，是指政府和市场主体在考虑自身利益与社会利益的关系时，应当将社会利益放在首位。社会利益优位原则并不要求政府或市场主体牺牲自身的利益，而是首先要保护社会利益，这是经济法的使命使然。

利益本意为“利息”，也可以理解为“好处”。利益往往意味着人与人之间的某种关系，所以利益需要法律调整，法律的功能也在于调节各种错杂和冲突的利益。利益作为存在于法律之外的一个出发点，可以分为个人利益、公共利益和社会利益。庞德认为，个人利益是“直接涉及个人生活并以个人生活名义所提出的主张、要求或愿望”，公共利益是“涉及政治组织社会的生活并以政治组织生活名义提出的主张、要求或愿望”，社会利益是“涉及文明社会的社会生活并以这种生活的名义提出的主张、要求或愿望”。而社会利益除了其他内容外，还包括一般安全利益、个人生活方面的利益、保护道德的利益、保护社会资源（自然资源和人力资源）的利益以及经济、政治和文化进步方面的利益等。

任何时代的历史活动都由无数单个的具体个人的社会活动所构成，个人作为历史活动的主体是整个人类历史最基础的单元。因此，个人利益作为一种私人利益，是利益动力结构的原始细胞和基础。没有个人利益，不承认个人利益，整个社会将失去发展的原动力。由于政府常常是公共利益的代表，所以公共利益往往表现为国家利益。而社会利益可以说是个人利益与国家利益的中间地带。社会利益就其本性而言，是一种个人利益、私人利益，譬如，雇佣关系中雇工的利益、消费关系中消费者的利益等。由于个人、社会、国家都有各自独立的利益追求，为了各自的利益，都会采取有利于自己的行动，都会努力使自己的利益最大化。这样就出现了利益之间的冲突。即使本性相同的社会利益和个人利益之间也有冲突——个人利益的被满足并不意味着整个社会利益也被满足。为了调节、平衡各主体之间的利益关系，法律这种利益调节器便应运而生了。根据传统的法学理论，民商法以个人利益为本位，行政法以国家利益为本位。显而易见，它们都不适合于做社会利益平衡之调节器。而晚生的经济法则既不同于民商法，也不同于行政法。由于经济法

是对民商法和行政法的“超越”，深具后发优势，所以，由经济法充任社会利益调节器，实为游刃有余。因为在经济法看来，国家不以营利为目的，“不与民争”，能够为国民有效地提供公共物品，并能取信于民、得到人民的信任。在经济法世界里，国家在介入“社会域”后，以社会利益为本位逐渐地形成了一种全新的社会调节机制，包括：政府调节措施、社会促进措施、社会应急措施等。这些措施的运用，增进了人类社会的共同福祉，促进了社会的均衡发展，加强了人类社会的团结合作。

可见，经济法不仅像民商法那样关注个人利益，也不仅像行政法那样侧重于国家利益的保护，经济法是在更高、更广泛的层次上全面兼顾各类主体的利益，尤其是优先保障社会利益的实现。经济法的使命正在于使社会利益得以实现，使那些类似于雇工、消费者和中小企业等弱势群体的利益有可靠的法律保障。如果有谁损及社会利益，经济法就会适时而动，用“国家之手”来矫正“无形之手”，以实现社会利益的最大化。

四、协调发展原则

所谓协调发展，是指正确处理发展中的重大关系，注重解决发展不平衡问题，不断增强发展的整体性，以实现持续健康发展。协调发展不是单个系统或要素的“增长”，而是多个系统或要素在“协调”的约束和规定下的综合发展和全面发展。

经济法是市场经济社会的基本法，经济法所追求的发展就包括协调发展，所以，协调发展原则成为经济法的基本原则，便顺理成章了。

经济法立法必须以促进自然、经济、社会的全面结合、协调发展为己任。经济法应对社会发展的眼前利益和长远利益，局部利益和整体利益进行全盘考虑，做出在经济发展过程中同步对其外部不经济性进行规制的立法选择，贯彻可持续的立法理念，提高社会发展的质量。

（一）市场主体之间的协调

众所周知，注重私人利益的民商法很难有效地协调市场主体以促进社会整体利益。经济法则不同，它以社会利益为本位，通过不断寻求个体与社会利益之间的平衡点来协调不同市场主体之间的关系，进而实现市场主体之间的协调。第一，经营者之间的协调。经济法较之民法更注重实质的正义和公平，不仅保护机会公平，同时站在更高的角度维护结果的公平。反垄断法和反不正当竞争法的目的就是营造公平和谐的经济环境，维护实质的公平。第二，经营者与消费者之间的协调。经济法超越了民商法“一体保护”之原则，对消费者给予特殊保护。经济法以经营者为中心的观念也正在发生变化，以消费者为核心的主体结构体系正在形成，经济法“以人为本”的思想及其人文关怀的精神日渐浓厚。

（二）经济结构与资源配置的协调

经济结构的安排、资源配置的合理与否会对生产目的的最终实现与社会再生产的良性循环产生重大影响，进而影响到社会整体效益的实现。经济法作为一种宏观把握经济脉搏的法，它所关注的不只是眼前的私人利益，而是从整体上追求国民经济的可持续发展。从产业结构看，中国经济法应有意识地优化产业结构，稳步发展农业和基础设施产业，实现产业结构的合理化，为社会整体效益的可持续发展奠定基础；从地区经济结构看，中国经济法应适时制定中西部发展战略和振兴东北老工业基地战略，发动“东西互动的两个轮子”；从资源配置看，中国经济法应充分发挥宏观调控法在资源配置方面特有的难以为市场机制所替代的功能。

（三）区域之间的协调

由于资源的不均衡以及运用资源方式的不同，区域之间的不平衡经常发生，我国东、中、西部地区之间发展的不协调已然形成。以西部地区为例，虽然改革开放以来，我国西部地区经济社会发展取得历史性成就，但西部地区发展不平衡不充分问题依然突出，巩固脱贫攻坚任务依然艰巨，与东部地区发展差距依然较大。新时代继续做好西部大开发工作，促进区域协调发展，推动西部地区形成大保护、大开放、高质量发展新格局，确保 2035 年基本实现社会主义现代化，实现不同类型地区互补发展、东西双向开放协同并进，是协调发展的应有之义。

（四）城乡之间的协调

改革开放 40 多年来，经过艰苦卓绝的努力，我国农村发生了翻天覆地的变化，我们已实现全面建成小康社会的宏伟目标。但是，城乡差距依然存在，主要表现在：城乡居民收入差距、教育差距、医疗差距、消费差距、就业差距、政府公共投入差距等方面。经济法的协调发展原则其内涵当然也包括城乡之间的协调发展。我国的计划调控法、产业调控法、财政调控法、金融调控法、对外贸易调控法等经济法律法规也明确规定要推动城乡一体化发展，实现城乡之间的协调共赢。

（五）经济全球化与民族产业保护的协调

从经济法的视角来观察，中国加入世界贸易组织（WTO）意味着成员国政府将参与双重法律关系，充当国际国内双重主体。加入 WTO 以后，政府往往面临双重压力：一方面，要减少政府调节，培育开放、竞争的市场，促进经济高速发展；另一方面，又要努力克服经济全球化对本国的负面影响，避免因削弱政府管制导致国家经济基础遭受外部市场力量的过度冲击。因此，在经济全球化的背景下解决“如何限制政府”和“政府如何干预”的问题，是经济全球化对经济法提出的最大挑战。为此，经济法的创新与完善应当做到，一方面，履行加入世界贸易组织的承诺，遵守 WTO 各项规则的要求，与 WTO 自由贸易制度相接轨。另一方面，要立足于维护国家和民族利益，充分利用WTO规则赋予发展中国家的特殊优惠政策，在民族产业保持较快发展速度的同时实现加入世贸组织的平稳过渡。兼顾经济全球化与民族产业的保护，这是经济协调发展原则的又一具体表现。

五、环境保护原则

所谓环境保护，是指人类社会要合理利用自然资源，防止环境污染和生态破坏，以实现经济、社会、环境的可持续发展。随着经济的快速发展，环境和生态问题日益突出，地球不堪重负，环境保护原则也随即成为民商法、经济法、环境法等法律部门的基本原则。

不同领域、不同学科对环境有不同的理解。环境科学领域的“环境”，以人类为“中心事物”，故而又称“人类环境”，是指围绕着人类的周围世界，主要包括直接或者间接地影响人类生存和发展的各种天然的和经过人工改造的自然环境要素。环境问题有广义与狭义两种理解。狭义的环境问题指环境的结构与状态在人类社会经济活动的作用下所发生的不利于人类生存和发展的变化；广义的环境问题则涵盖了任何不利于人类生存和发展的环境结构和状态的变化，其产生的原因既包括人为方面的，也包括自然方面的。我们一般说的环境问题主要指狭义上的环境问题，它可分为环境污染和生态破坏两大类。20世纪五六十年代，世界范围内的环境问题持续恶化，全球性环境问题不断产生，生态安全逐渐成为人类社会共同关注的热点，具有国际性的环境保护运动风起云涌，先后发生了两次国际性环保运动高潮。

人类活动是狭义环境问题产生的主要原因，所以，生态环境问题不仅属于环境科学领域，而且属于法学等社会科学领域。从经济分析的角度看，环境资源问题主要是一个经济问题，环境资源退化主要是各种不适当的经济活动、经济机制的产物。环境问题与“市场失灵”密切相关，传统的自由放任的市场经济体制，难以顾及环境资源价值和外部不经济性；环境问题也与产权“不清晰”紧密相连，传统的全面管控的计划经济体制，容易产生浪费、滥用和不珍惜自然资源的“共有地悲剧”。在全面依法治国的新时代，破解生态环境问题当然需要法律手段。一方面，生态环境问题是市场失灵的表现，需要政府以适度的干预并纠正环境资源领域长期以来存在的“外部性”问题；另一方面，环境资源领域存在的政府失灵同样需要社会公众广泛、深入的参与才能满足解决当代环境问题的紧迫需求。以有效应对市场失灵和政府失灵为其重要使命的经济法，将环境保护作为其基本原则之一，既合情合理又非常重要。

第四章　企业法律制度

第一节　公司法

一、公司的概念

公司是一种重要的企业组织形式，但由于各国立法习惯以及法律体系的不同，公司的概念也不相同。即使是在同一个国家，在不同的经济时期，随着公司的不断发展和变化，公司的外延和内涵也会发生变化。因此，公司法理论并没有形成一个统一的公司的概念。

根据《中华人民共和国公司法》（以下简称《公司法》）的规定，公司是指股东依法以投资方式设立，以营利为目的，以其认缴的出资额或认购的股份为限对公司承担责任，以其全部独立法人财产对公司债务承担责任的企业法人。

二、公司的特征

根据我国《公司法》的规定，公司包括有限责任公司和股份有限公司两种类型。一般而言，公司具有以下三个基本的法律特征。

（一）公司具有法人资格

《公司法》第三条规定“公司是企业法人”。法人是与自然人并列的一类民商事主体，具有独立的主体性资格，具有法律主体所要求的权利能力与行为能力，能够以自己的名义从事民商事活动并以自己的财产独立承担民事责任。公司是最典型的法人类型，体现了法人的最本质特征。

依据我国《公司法》的规定，公司法人资格的取得需符合以下条件。

1. 公司必须依法设立

公司的依法设立主要是对设立程序而言的，即公司的设立必须依据法定的程序办理相关的登记手续，领取公司法人营业执照，有的公司如商业银行、保险公司、证券公司等的设立还须经审批程序。凡在我国境内设立的公司，必须依照我国《公司法》《中华人民共和国公司登记管理条例》（以下简称《公司登记管理条例》）及其他相关法律法规所规定的条件和程序设立。《公司法》第六条规定："设立公司，应当依法向公司登记机关申请设立登记。符合本法规定的设立条件的，由公司登记机关分别登记为有限责任公司或者股份有限公司；不符合本法规定的设立条件的，不得登记为有限责任公司或者股份有限公司。"

2. 公司必须具备必要的财产

一定的财产是公司得以存在的物质基础。公司作为一个以营利为目的的企业法人，必须有其可控制与支配的财产，以从事经营活动。我国《公司法》将公司享有的独立的法人财产称之为法人财产权，《公司法》第三条规定："公司是企业法人，有独立的法人财产，享有法人财产权。"公司的财产一般被称为公司资产，包括由设备、材料、工具等动产和房屋、土地等不动产以及货币组成的有形财产，也包括企业名称、工业产权等无形财产；但就公司成立时的财产而言，主要是指有形财产。公司成立时的原始财产由股东出资构成，股东可以货币、实物、土地使用权、工业产权等方式出资。股东一旦履行了出资义务，其出资标的物的所有权即转移至公司，构成公司的财产。公司的财产与股东个人的财产相分离。这是公司财产的一个重要特征。它是公司能够独立承担民事责任进而取得法人资格的基础，也是股东只以出资额为限对公司债务承担责任的依据。

3. 公司必须有自己的名称、组织机构和场所

公司的名称相当于自然人的姓名，可以自由选用但必须标明公司的种类即有限责任公司或股份有限公司。依照《公司法》第八条的规定，有限责任公司必须在公司名称中标明“有限责任公司”或者“有限公司”字样，股份有限公司必须在公司名称中标明“股份有限公司”或者“股份公司”字样。公司名称属于公司章程绝对必要记载事项之一，也为公司登记事项之一。

公司必须具有完备的组织机构。规范的内部治理结构是公司法人不同于很多其他法人组织的重要标志之一。公司作为法人并无自然实体，必须设立公司机关以决定和实施公司的意志。公司健全的组织机构是其公司法人意志得以实现的组织保障，它包括公司的权力机构、执行机构和监督机构。依据我国公司法，有限责任公司和股份有限公司的组织机构大体相同而略有差异，主要表现为前者有较多的灵活性而后者有更强的规范性。例如，有限责任公司可以不设董事会，也可以不设监事会。

公司要有自己的经营场所，它是公司实现其设立目的实施经营的地方；公司还必须有自己的住所，其住所可与其场所一致，也可以不一致。但住所是公司法律关系的中心地域，凡涉及公司债务之清偿、诉讼之管辖、书状之送达均以此为标准。依据我国《公司法》第十条之规定，公司以其主要办事机构所在地为住所。

4. 公司必须能够以自己的名义从事民商事活动并独立承担民事责任

(1) 公司的独立权利

原则上对公司的合法目的而言，公司几乎是与自然人一样的独立实体。公司若要与自然人一样，就必须拥有权利。这些权利是非常广泛的，如以自己的名义拥有财产包括不动产的权利、起诉和应诉的权利以及在公司目的范围内从事任何合法的经营活动的权利。但是，基于公司

本身固有的性质和某些法律政策上的原因，公司的权利受到一定限制。如公司不能享有某些只能由自然人享有的生命权、婚姻权、继承权、肖像权、隐私权、名誉权、人格尊严权等权利，又如公司在经营活动中的某些权利应依照公司法的要求与其经营范围相一致。

（2）公司的独立责任

公司必须在依法自主组织生产和经营的基础上自负盈亏，用其全部法人财产对公司债务独立承担责任。公司独立承担责任，就意味着股东除承担对公司的出资义务外，不再承担任何其他责任，即股东的有限责任。这也是公司与其他类型的经济组织形态如合伙、个人独资企业法人的分支机构等的本质区别之一。《公司法》第三条规定："公司以其全部财产对公司的债务承担责任。有限责任公司的股东以其认缴的出资额为限对公司承担责任；股份有限公司的股东以其认购的股份为限对公司承担责任。"有限责任是公司制度的基石。

（二）公司是社团组织，具有社团性

依法人内部组织基础的不同，可将法人分为社团法人和财团法人，公司属于社团法人。公司的社团性表现为它通常由两个或两个以上的股东出资组成。股份有限公司具有完全的社团性，其股东为 2 人以上，有限责任公司同样体现了公司的社团性。只是法律允许存在例外情形。我国公司法关于有限责任公司社团性的例外情形包括两种情况：一是一人有限责任公司；二是国有独资公司。在这两种公司中，都只有一个股东。但是社团性除了含有社员因素外，还含有团体组织性，即不同于单个的个人的特性，而是一个组织体，就此特性而言，一人有限责任公司和国有独资公司同样体现了公司的社团性。

（三）公司以营利为目的，具有营利性

公司以营利为目的，是指设立公司的目的及公司的运作，都是为了

谋求经济利益。为此公司必须连续不断地从事某种经济活动，如商品生产、交换或提供某种服务。公司的营利性特征已为世界上许多国家和地区的公司立法所确认，从而成为公司的基本特征。

公司的营利性是公司区别于非营利性法人组织的重要特征。营利法人的宗旨是获取利润并将利润分配于成员（出资人或股东）；而非营利法人的宗旨是发展公益、慈善宗教。学术事业，它们即使从事商业活动赚取利润，也只是以营利为手段，旨在实现与营利无关的目的，而且其营利所得不能直接分配于成员。区分营利法人和非营利法人的主要法律意义在于对其设定不同的设立程序、赋予不同的权利能力、适用不同的税法等。

公司的营利性实质上是股东设立公司的目的的反映。公司只有以营利为目的，实现公司利益最大化，才能让股东收回投资，并进而实现盈利。法律承认并保护公司的营利性，方能鼓励投资、创造社会财富，促进市场经济的发展。所以，我国《公司法》将股东的资产收益权作为股东的第一项权利加以规定，体现了公司的营利性特征。

三、公司的权利能力与行为能力

（一）公司的权利能力

1. 公司权利能力的含义

私法上的权利能力是指一种主体性资格，是法律赋予私法主体从事私法活动、享有权利和承担义务的一般法律前提。公司权利能力是指公司作为法律主体依法享有权利和承担义务的资格。这种资格是由法律赋予的，它是公司在市场经济活动中具体享有权利、承担义务的前提。

公司权利能力的起始时间与自然人有所不同。自然人的权利能力始于出生、终于死亡。而公司的权利能力于公司成立时产生，至公司终止时消灭。那么，公司何时成立、何时终止，就是确定公司权利能力产生和消灭的关键。我国《民法典》第五十九条规定，法人的民事权利能力和民事行为能力，从法人成立时产生，到法人终止时消灭。具体而言，依照我国《公司法》的规定，公司营业执照签发日期，为公司成立日期。因此，公司营业执照签发之日，为公司权利能力取得之时。同样，公司清算结束后，清算组应当制作清算报告，报股东会或者有关主管机关确认，并报送公司登记机关，申请注销公司登记，公告公司终止。因此，公司注销登记之日，即为公司权利能力丧失之时。

2. 公司权利能力的限制

公司的权利能力与自然人的权利能力有较大不同。公司权利能力多属于特别的民事权利能力，往往受到公司法、公司章程以及公司自身性质的限制。

（1）性质上的限制。公司毕竟为拟制人格，其本身并非为具有新陈代谢功能的生命体，故凡与自然人自身性质相关的权利义务，公司均不可能享有。专属于自然人的生命权、健康权婚姻权、继承权、隐私权、名誉权等，公司都不享有。

（2）目的范围的限制。公司作为营利性法人，其所持续经营的事业或业务记载于公司章程，登记于公司营业执照，称为经营范围亦即公司设立的宗旨和目的，其意义表现在以下几个方面。其一，公司的经营范围必须由公司章程作出规定，公司章程未规定的，公司不得经营。其二，公司的经营范围必须依法登记，经依法登记的，才产生公示的效力。其三，公司的经营范围中属于法律、行政法规限制的项目，还必须依法进行批准，否则公司不得经营。如经营银行业、保险业、证券业、须经中国银行保险监督管理委员会、中国证券监督管理委员会的批准。其四，公司应当在登记的经营范围内从事经营活动。其五，公司需要变更其经营范围的，必须依照法定程序修改公司章程，并经公司登记机关变更登记，才可以变更其经营范围。《公司法》规定：“公司的经营范围由公司章程规定，并依法登记。公司可以修改公司章程，改变经营范围，但是应当办理变更登记。公司的经营范围中属于法律，行政法规规定须经批准的项目，应当依法经过批准。”

由此可知，公司法人的权利能力是有差异的，即不同的公司具有不同的主体性资格，亦即具有不同的权利能力，这是由公司的经营范围所决定的，所以一个服装公司与一个房地产公司的权利能力是不同的，一个证券公司与一个保险公司的权利能力也是不同的。

（二）公司的行为能力

1. 公司行为能力的含义

公司的行为能力是指公司基于自己的意思表示，以自己的行为独立取得权利和承担义务的能力。

公司的行为能力与其权利能力具有一致性，这种一致性不仅表现在公司的行为能力与其权利能力同时产生、同时终止，而且表现在公司行为能力的范围和内容与其权利能力的范围和内容也是一致的，公司权利能力所受到的限制，也同样适用于公司行为能力。这也是法人的权利能力、行为能力制度与自然人的权利能力、行为能力制度不同的地方。

自然人的权利能力都是一致的，但行为能力各有不同，包括完全行为能力、限制行为能力和无行为能力；法人包括公司法人的权利能力存在差异，不同的法人享有不同的权利能力，而由于法人的权利能力与行为能力的一致性，所以不同的法人也就具有了不同的行为能力。法人行为能力的差异是由于其权利能力的差异导致的，而不像自然人那样，其行为能力的差异是由年龄知识状况决定的。

2. 公司行为能力的实现方式

公司是法人，具有法律上的团体人格，它在按照自己的意志实施行为时，与自然人有所不同。首先，公司的意思能力是一种社团的意思能力，它必须通过公司的法人机关来形成和表示。公司的法人机关就是公司的议事机关。公司的法人机关由公司的股东会或股东大会、董事会和

监事会组成，它们依照公司法规定的职权和程序相互配合又相互制衡，进行公司的意思表示。其次，公司的行为能力体现在对外行为的实施上，公司的对外行为由公司的法定代表人来实施，或者由法定代表人的授权代表来实施。

根据公司章程的规定，公司的法定代表人由董事长执行董事或者经理担任。公司董事长（或执行董事，或经理）作为公司的法定代表人，按照公司的意思以公司的名义对外进行法律行为，为公司取得权利和承担义务。在公司权利能力范围内，法定代表人或其授权代表所实施的法律行为就是公司自身实施的法律行为，其后果包括权利和义务由公司承受。

（1）对外投资的行为能力。我国《公司法》第十五条规定："公司可以向其他企业投资，但是，除法律另有规定外，不得成为对所投资企业的债务承担连带责任的出资人。"同时，《公司法》第十六条规定，公司向其他企业投资，按照公司章程的规定由董事会或者股东会、股东大会决议；公司章程对投资的总额及单项投资的数额有限额规定的，不得超过规定的限额。

（2）担保的行为能力。根据《公司法》第十六条的规定，公司为他人提供担保，按照公司章程的规定由董事会或者股东会、股东大会决议；公司章程对担保的总额或者单项担保的数额有限额规定的，不得超过规定的限额。公司为公司股东或者实际控制人提供担保的，必须经股东会或者股东大会决议。接受担保的股东或者受实际控制人支配的股东不得参加表决。该项表决由出席会议的其他股东所持表决权的过半数通过。

（3）借款的行为能力。我国《公司法》规定，只要符合公司章程，经过董事会或股东（大）会同意，公司即可将资金借贷给他人。这表明，公司具有贷款的权利。但是，我国银行法规定，贷款属于银行业务未经国务院银行业监督管理机构批准，任何单位和个人不得从事该业务。可见，我国一般公司的贷款权利虽未受公司法禁止，但受到银行法控制。

第二节　合伙企业法

一、合伙企业法概述

（一）合伙企业的概念

合伙是指两个以上的人为共同目的，相互约定共同出资、共同经营、共享收益、共担风险的自愿联合。

合伙企业是指自然人法人和其他组织依照《中华人民共和国合伙企业法》（以下简称《合伙企业法》）在中国境内设立的由各合伙人订立合伙协议、共同出资、合伙经营、共享收益的普通合伙企业和有限合伙企业。

（二）合伙企业的分类

合伙企业分为普通合伙企业和有限合伙企业。普通合伙企业由普通合伙人组成，合伙人对合伙企业债务承担无限连带责任。有限合伙企业由普通合伙人和有限合伙人组成，普通合伙人对合伙企业债务承担无限连带责任，有限合伙人以其认缴的出资额为限对合伙企业债务承担责任。

二、普通合伙企业

（一）普通合伙企业的概念

普通合伙企业是指由普通合伙人组成，普通合伙人对合伙企业债务依照《合伙企业法》规定承担无限连带责任的一种合伙企业。普通合伙企业具有以下特点：

（1）由普通合伙人组成。所谓普通合伙人，是指在合伙企业中对合伙企业的债务依法承担无限连带责任的自然人、法人和其他组织。

（2）合伙人对合伙企业债务依法承担无限连带责任，法律另有规定的除外。所谓法律另有规定，是指《合伙企业法》中“特殊普通合伙企业”的规定。

（二）合伙企业的设立

1. 合伙企业的设立条件

根据《合伙企业法》的规定，设立合伙企业，应当具备下列条件：

（1）有 2 个以上合伙人。合伙人为自然人的，应当具有完全民事行为能力。合伙企业合伙人至少为 2 人，对于合伙企业合伙人数的最高限额，我国合伙企业法未作规定。

关于合伙人的资格，《合伙企业法》作了以下限定。①合伙人可以是自然人，也可以是法人或者其他组织。合伙人为自然人的，应当具有完全民事行为能力。无民事行为能力人和限制民事行为能力人不得成为合伙企业的合伙人。②国有独资公司、国有企业、上市公司以及公益性的事业单位、社会团体不得成为普通合伙人。③法律、行政法规规定禁止从事营利性活动的人，不得成为合伙人，如警官、法官、检察官。

（2）有书面合伙协议。合伙协议是指合伙人为设立合伙企业而达成的规定合伙人之间权利义务关系的协议。合伙协议应当依法由全体合伙人协商一致，以书面形式订立。订立合伙协议、设立合伙企业，应当遵循自愿、公平、平等、诚实信用原则。

合伙协议经全体合伙人签名、盖章后生效。合伙人按照合伙协议享有权利，履行义务。修改或者补充合伙协议，应当经全体合伙人一致同意。但是，合伙协议另有约定的除外。合伙协议未约定或者约定不明确的事项，由合伙人协商决定；协商不成的，依照《合伙企业法》和其他有关法律、行政法规的规定处理。

(3) 有合伙人认缴或者实际缴付的出资。合伙协议生效后，合伙人应当按照合伙协议的规定缴纳出资。合伙人可以用货币、实物、知识产权、土地使用权或者其他财产权利出资，也可以用劳务出资。合伙人以实物知识产权、土地使用权或者其他财产权利出资，需要评估作价的，可以由全体合伙人协商确定，也可以由全体合伙人委托法定评估机构评估。合伙人以劳务出资的，其评估办法由全体合伙人协商确定，并在合伙协议中载明。合伙人以非货币财产出资的，依照法律、行政法规的规定，需要办理财产权转移手续的，应当依法办理。

(4) 有合伙企业的名称和生产经营场所。合伙企业的名称应当与其责任形式相符合。普通合伙企业应当在其名称中标明“普通合伙”字样，其中特殊的普通合伙企业，应当在其名称中标明“特殊普通合伙”字样，合伙企业的名称必须和“合伙”联系起来，名称中必须有“合伙”两字。

2. 合伙企业的设立登记

设立合伙企业应当向企业登记机关提交登记申请书、合伙协议书、合伙人的身份证明、审批文件、全体合伙人指定的代表或者共同委托的代理人的委托书、出资权属证明、经营场所证明等文件，申请登记。

申请人提交的登记申请材料齐全、符合法定形式，企业登记机关能够当场登记的，应予当场登记，发给营业执照。如果企业登记机关认为当场难以发给营业执照，对有关材料需要进一步核实等情况的，企业登记机关可以不予当场登记，但应当自受理申请之日起 20 日内，作出是否登记的决定。予以登记的，发给营业执照；不予登记的，应当给予书面答复，并说明理由。合伙企业的营业执照签发日期，为合伙企业的成立日期。合伙企业设立分支机构，应当向分支机构所在地的企业登记机关申请登记，领取营业执照。

（三）合伙企业财产

1. 合伙企业财产的构成

根据《合伙企业法》规定，合伙人的出资、以合伙企业名义取得的收益和依法取得的其他财产，均为合伙企业的财产。从这一规定可以看出，合伙企业财产由以下三部分构成。

（1）合伙人的出资。合伙人在合伙协议中认缴的财产是合伙企业的原始财产。

（2）以合伙企业名义取得的收益。合伙企业在经营的过程中，以其名义取得的收益作为合伙企业财产的一部分。

（3）依法取得的其他财产。即根据法律、行政法规的规定合法取得的其他财产，如合法接受赠与的财产等。

2. 合伙企业财产的性质

合伙企业的财产权主体是合伙企业，由全体合伙人依照合伙协议的约定共同管理和使用。在合伙企业存续期间除非有法定事由，合伙人不得要求分割合伙企业的财产，也不得私自转移或者处分合伙企业财产。因此，合伙企业的合伙财产具有共有的性质，对合伙企业的占有、使用收益和处分，均应依据全体合伙人的共同意志进行。

3. 合伙人财产份额的转让

合伙人财产份额的转让是指合伙企业的合伙人向他人转让其在合伙企业中的全部或者部分财产份额的行为。根据受让人的不同，合伙人财产份额的转让可以分为外部转让与内部转让。外部转让是指合伙人向合伙人以外的第三人转让其在合伙企业中的全部或者部分财产份额；内部转让是指合伙人之间转让在合伙企业中的全部或者部分财产份额。

合伙人财产份额的转让将会影响合伙人之间的信赖关系，因此，《合伙企业法》对合伙人财产份额的转让作了以下限制性规定。

(1) 除合伙协议另有约定外。合伙人财产份额的外部转让，须经其他合伙人一致同意。合伙企业是人合兼资合的企业形式，其中人合的色彩更为浓厚，合伙人财产份额的外部转让必将改变企业合伙人之间的信赖关系，只有经其他合伙人一致同意，才表明其他合伙人同意与受让人共同维持原合伙企业，合伙企业才能继续存续下去。如果其他合伙人不同意接纳受让人，则合伙企业无法继续存续下去。当然，“合伙人向合伙人以外的人转让其在合伙企业中的全部或者部分财产份额时，须经其他合伙人一致同意”，是一项法定的原则，且这项原则是在合伙协议中没有规定的情况下才有法律效力。

(2) 合伙人财产份额在内部转让时，应当通知其他合伙人。合伙人财产份额的内部转让因不涉及合伙人以外的人参加，不影响合伙企业的人合性质，因此只需要通知其他合伙人即可。

(3) 合伙人向合伙人以外的人转让其在合伙企业中的财产份额的，在同等条件下，其他合伙人有优先购买权；但是，合伙协议另有约定的除外。

此外，合伙人以其在合伙企业中的财产份额出质的，须经其他合伙人一致同意；未经其他合伙人一致同意，其行为无效，由此给善意第三人造成损失的，由行为人依法承担赔偿责任。合伙人财产份额的出质，是指合伙人将其在合伙企业中的财产份额作为质押物来担保债权人债权实现的行为。如果债务人不能如期清偿债务，质押权人行使权利的最终后果可能导致合伙财产份额依法发生转让，法律因此作出如上规定。

(四) 合伙事务执行

1. 合伙事务执行的形式

根据《合伙企业法》的规定，合伙人执行合伙企业事务，可以有以下两种形式。

(1) 全体合伙人共同执行合伙事务。这是合伙事务执行的基本形式，也是在合伙企业中经常使用的一种形式，尤其是在合伙人较少、企业规模较小的情况下更为适宜。该形式下全体合伙人具有对外代表合伙企业的权利。

（2）委托一个或者数个合伙人执行合伙事务。这是在各合伙人共同执行合伙事务的基础上引申而来的。在合伙人较多、企业规模较大的情况下，全体合伙人共同执行合伙事务不可避免地会引起过多的冲突和矛盾，同时也会增加企业的经营风险。另外，有的合伙人并不愿意执行合伙事务，而愿意委托其中的一个或者数个合伙人执行合伙事务。因此，可以按照合伙协议的约定或者经全体合伙人决定，可以委托一个或者数个合伙人对外代表合伙企业，执行合伙事务，其他合伙人不再执行合伙事务。

2. 合伙人在执行合伙事务中的权利和义务

（1）合伙人在执行合伙事务中的权利。根据《合伙企业法》的规定，合伙人在执行合伙事务中的权利主要包括以下内容。①合伙人对执行合伙事务享有同等的权利。合伙企业的特点之一就是合伙经营，各合伙人无论其出资多少，都有权平等享有执行合伙企业事务的权利。②执行合伙事务的合伙人对外代表合伙企业。合伙人在代表合伙企业执行事务时不是以个人的名义进行一定的民事行为，而是以合伙企业事务执行人的身份组织实施企业的生产经营活动。③不执行合伙事务的合伙人的监督权利。④合伙人查阅合伙企业会计账簿等财务资料的权利。查阅账簿是合伙人监督权的延伸，是了解合伙企业经营状况和财务状况的有效手段，因此将其作为合伙人的一项重要权利予以强调。⑤合伙人有提出异议的权利和撤销委托的权利。在合伙人分别执行合伙事务的情况下，执行事务合伙人可以对其他合伙人执行的事务提出异议。提出异议时，应当暂停该项事务的执行。如果发生争议，依照有关规定作出决定。受委托执行合伙事务的合伙人不按照合伙协议或者全体合伙人的决定执行事务的，其他合伙人可以决定撤销该委托。

（2）合伙人在执行合伙事务中的义务。根据《合伙企业法》的规定，合伙人在执行合伙事务中的义务主要包括以下内容：①合伙事务执行人向不参加执行事务的合伙人报告企业经营状况和财务状况。②合伙人不得自营或者同他人合作经营与本合伙企业相竞争的业务。合伙人熟悉合伙企业内部的情况以及合伙企业的经营秘密，如果某一合伙人利用其掌握的信息自己经营或者与他人合作经营与本合伙企业相竞争的业务，就极有可能损害合伙企业中其他合伙人的利益。因此，《合伙企业法》规定合伙人不得自营或者同他人合作经营与本合伙企业相竞争的业务。③除合伙协议另有约定或者经全体合伙人一致同意外，合伙人不得同合伙人企业进行交易。因为，当合伙人代表合伙企业同自己进行交易时，很容易损害合伙企业以及其他合伙人的利益而满足个人的私利。④合伙人不得从事损害本合伙企业利益的活动。合伙人在执行合伙事务过程中不得为了自己的私利，损害其他合伙人利益，也不得与其他人恶意串通，损害合伙企业的利益。

3. 合伙事务执行的决议办法

根据《合伙企业法》规定，合伙事务执行决议有以下三种法定办法。

（1）由合伙协议对决议办法作出约定。合伙企业实质上是以合伙协议为基础的企业形式，因此，在企业经营的过程中，应该贯穿合伙人意思优先的原则。

（2）合伙协议未约定或者约定不明确的，实行合伙人一人一票并经全体合伙人过半数通过的表决办法。

（3）依照《合伙企业法》的规定作出决议。如根据《合伙企业法》的规定，除合伙协议另有约定外，合伙企业的下列事项应当经全体合伙人一致同意：①改变合伙企业的名称；②改变合伙企业的经营范围、主要经营场所的地点；③处分合伙企业的不动产；④转让或者处分合伙企业的知识产权和其他财产权利；⑤以合伙企业名义为他人提供担保；

⑥聘任合伙人以外的人担任合伙企业的经营管理人员。

4. 合伙企业的损益分配

（1）合伙损益。合伙损益包括两方面的内容。一是合伙利润。它是指以合伙企业的名义所取得的经济利益，即合伙企业财产多于合伙企业债务及出资额之和的部分；二是合伙亏损。它是指合伙企业的财产少于合伙企业债权及出资额之和的部分。合伙亏损是全体合伙人所共同面临的风险。

（2）合伙损益分配原则。合伙损益分配包含合伙企业的利润分配与亏损分担两个方面，对合伙损益分配原则，《合伙企业法》作了原则规定。①合伙企业的利润分配、亏损分担，按照合伙协议的约定办理：合伙协议未约定或者约定不明确的，由合伙人协商决定；协商不成的，由合伙人按照实缴出资比例分配、分担；无法确定出资比例的，由合伙人平均分配、分担。②合伙协议不得约定将全部利润分配给部分合伙人或者由部分合伙人承担全部亏损。

5. 非合伙人参与经营管理

在合伙企业中，由于合伙人经营管理能力往往不足，需要在合伙人之外聘任非合伙人担任合伙企业的经营管理人员，参与合伙企业的经营管理工作。

（1）合伙企业可以从合伙人之外聘任经营管理人员。

（2）聘任非合伙人的经营管理人员，除合伙协议另有约定外，应当经全体合伙人一致同意。

（3）被聘任的经营管理人员，仅是合伙企业的经营管理人员，不是合伙企业的合伙人，因而不具有合伙人的资格。

（4）被聘任的合伙企业的经营管理人员应当在合伙企业授权范围内履行职务；被聘任的合伙企业的经营管理人员，超越合伙企业授权范围履行职务，或者在履行职务过程中因故意或者重大过失给合伙企业造成损失的，依法承担赔偿责任。

（五）合伙企业与第三人的关系

合伙企业与第三人的关系，实际是指有关合伙企业的对外关系，即合伙企业与合伙企业的合伙人以外的第三人的关系，涉及合伙企业对外代表权的效力、合伙企业和合伙人的债务清偿等问题。

1. 合伙企业对外代表权的效力

（1）合伙事务执行中的对外代表权。可以取得合伙企业对外代表权的合伙人，主要有三种情况：一是由全体合伙人共同执行合伙企业事务的，全体合伙人都有权对外代表合伙企业；二是由部分合伙人执行合伙企业事务的，只有受委托执行合伙企业事务的那一部分合伙人有权对外代表合伙企业，而不参加执行合伙企业事务的合伙人则不具有对外代表合伙企业的权利；三是由于特别授权在单项合伙事务上有执行权的合伙人，依照授权范围可以对外代表合伙企业。

（2）合伙企业对合伙人执行合伙事务以及对外代表合伙企业权利的限制，不得对抗善意第三人。合伙人执行合伙事务的权利和对外代表合伙企业的权利，都会受到一定的内部限制。如果这种内部限制对第三人发生效力，必须以第三人知道这一情况为条件，否则，该内部限制不对该第三人发生抗辩力。类似物权法上的善意取得制度，立法的初衷在于保护交易安全，减少社会不必要的成本支出，从而维护良性的市场经济秩序。

2. 合伙企业和合伙人的债务清偿

（1）合伙企业的债务清偿与合伙人的关系。①合伙企业财产优先清偿。即在合伙企业存在自己的财产时，合伙企业的债权人应首先从合伙企业的全部财产中求偿，而不应当向合伙人个人直接请求债权。②合伙人的无限连带清偿责任。当合伙企业的财产不能清偿到期债务时，合伙人承担无限连带责任。③合伙人之间的债务分担和追偿。由于承担无限连带责任，合伙人之间内部约定的亏损分担比例对合伙企业的债权人没有约束力。债权人可以请求全体合伙人中的一人或数人承担全部清偿责任，也可以按照自己确定的清偿比例向各合伙人分别追索。如果某一合伙人实际支付的清偿数额超过其依照既定比例所应承担的数额，该合伙人有权就超过部分向其他未支付或者未足额支付应承担数额的合伙人追偿。

（2）合伙人的债务清偿与合伙企业的关系。①合伙人发生与合伙企业无关的债务，相关债权人不得以其债权抵销其对合伙企业的债务；也不得代位行使合伙人在合伙企业中的权利。②合伙人的自有财产不足清偿其与合伙企业无关的债务的，该合伙人可以以其从合伙企业中分取的收益用于清偿；债权人也可以依法请求人民法院强制执行该合伙人在合伙企业中的财产份额用于清偿。

（六）入伙与退伙

1. 入伙

入伙是指在合伙企业存续期间，合伙人以外的第三人加入合伙从而取得合伙人资格。

（1）入伙的条件和程序

《合伙企业法》规定，新合伙人入伙，除合伙协议另有约定外，应当经全体合伙人一致同意，并依法订立书面入伙协议。

（2）新合伙人的权利和责任

一般来讲，新入伙的合伙人与原合伙人享有同等权利、承担同等责任。但是，如果原合伙人愿意以更优越的条件吸引新合伙人入伙，或者新合伙人愿意以较为不利的条件入伙，也可以在入伙协议中另行约定。关于新合伙人对入伙前合伙企业的债务承担问题，《合伙企业法》规定，新合伙人对入伙前合伙企业的债务承担无限连带责任。

2. 退伙

退伙是指合伙人退出合伙企业，从而丧失合伙人资格。

（1）退伙的原因

合伙人退伙，一般有两种原因：一是自愿退伙；二是法定退伙。自愿退伙是指合伙人基于自愿的意思表示而退伙。自愿退伙可以分为协议退伙和通知退伙两种。

关于协议退伙，《合伙企业法》规定，合伙协议约定合伙期限的，在合伙企业存续期间，有下列情形之一的，合伙人可以退伙：①合伙协议约定的退伙事由出现；②经全体合伙人一致同意；③发生合伙人难以继续参加合伙的事由；④其他合伙人严重违反合伙协议约定的义务。合伙人违反上述规定退伙的，应当赔偿由此给合伙企业造成的损失。

关于通知退伙，《合伙企业法》规定，合伙协议未约定合伙期限的，合伙人在不给合伙企业事务执行造成不利影响的情况下，可以退伙，但应当提前 30 日通知其他合伙人。

法定退伙是指合伙人因出现法律规定的事由而退伙。法定退伙分为当然退伙和除名两类。

关于当然退伙，《合伙企业法》规定，合伙人有下列情形之一的，当然退伙：①作为合伙人的自然人死亡或者被依法宣告死亡；②个人丧失偿债能力；③作为合伙人的法人或者其他组织依法被吊销营业执照、责令关闭、撤销，或者被宣告破产；④法律规定或者合伙协议约定合伙人必须具有相关资格而丧失该资格；⑤合伙人在合伙企业中的全部财产份额被人民法院强制执行。此外，合伙人被依法认定为无民事行为能力人或者限制民事行为能力人的，经其他合伙人一致同意，可以依法转为有限合伙人，普通合伙企业依法转为有限合伙企业。其他合伙人未能一致同意的，该无民事行为能力或者限制民事行为能力的合伙人退伙。当然退伙以退伙事由实际发生之日为退伙生效日。

关于除名，《合伙企业法》规定，合伙人有下列情形之一的，经其他合伙人一致同意，可以决议将其除名：①未履行出资义务；②因故意或者重大过失给合伙企业造成损失；③执行合伙事务时有不正当行为；

④发生合伙协议约定的事由。对合伙人的除名决议应当书面通知被除名人。被除名人接到除名通知之日，除名生效，被除名人退伙。被除名人对除名决议有异议的，可以自接到除名通知之日起 30 日内，向人民法院起诉。

（2）退伙的效果

退伙的效果是指退伙时退伙人在合伙企业中的财产份额和民事责任的归属变动。分为两类情况：一是财产继承；二是退伙结算。关于财产继承，《合伙企业法》规定，合伙人死亡或者被依法宣告死亡的，对该合伙人在合伙企业中的财产份额享有合法继承权的继承人，按照合伙协议的约定或者经全体合伙人一致同意，从继承开始之日起，取得该合伙企业的合伙人资格。有下列情形之一的，合伙企业应当向合伙人的继承人退还被继承合伙人的财产份额：①继承人不愿意成为合伙人；②法律规定或者合伙协议约定合伙人必须具有相关资格，而该继承人未取得该资格；③合伙协议约定不能成为合伙人的其他情形。合伙人的继承人为无民事行为能力人或者限制民事行为能力人的，经全体合伙人一致同意，可以依法成为有限合伙人，普通合伙企业依法转为有限合伙企业。全体合伙人未能一致同意的，合伙企业应当将被继承合伙人的财产份额退还该继承人。死亡的合伙人的继承人取得该合伙企业的合伙人资格，从继承开始之日起获得。

关于退伙结算，《合伙企业法》规定：①合伙人退伙，其他合伙人应当与该退伙人按照退伙时的合伙企业财产状况进行结算，退还退伙人的财产份额；②合伙人退伙时，并不能解除对于合伙企业既往债务的连带责任。退伙人对基于其退伙前的原因发生的合伙企业债务，承担无限连带责任。

（七）特殊的普通合伙企业

1. 特殊的普通合伙企业的含义

特殊的普通合伙企业是指以专业知识和专门技能为客户提供有偿服

务的专业服务机构。特殊的普通合伙企业名称中应当标明“特殊普通合伙”字样。

2. 特殊的普通合伙企业的责任形式

（1）责任承担。《合伙企业法》规定，非企业专业服务机构依据有关法律采取合伙制的，其合伙人承担责任的形式可以适用《合伙企业法》关于特殊的普通合伙企业合伙人承担责任的规定。非企业专业服务机构是指不采取企业（如公司制）形式成立的、不以营利为目的、以自己专业知识提供特定咨询等方面服务的组织，如律师事务所、会计师事务所等专业服务机构。特殊的普通合伙企业的责任形式分为两种：①有限责任与无限连带责任相结合。即一个合伙人或者数个合伙人在执业活动中因故意或者重大过失造成合伙企业债务的，应当承担无限责任或者无限连带责任，其他无过错合伙人以其在合伙企业中的财产份额为限承担责任；②无限连带责任。对合伙人在执业活动中非因故意或者重大过失造成的合伙企业债务以及合伙企业的其他债务，全体合伙人承担无限连带责任。

（2）责任追偿。《合伙企业法》规定，合伙人执业活动中因故意或者重大过失造成的合伙企业债务，以合伙企业财产对外承担责任后，该合伙人应当按照合伙协议的约定对给合伙企业造成的损失承担赔偿责任。

三、有限合伙企业

（一）有限合伙企业的概念

有限合伙企业是指由有限合伙人和普通合伙人共同组成，普通合伙人对合伙企业债务承担无限连带责任，有限合伙人以其认缴的出资额为限对合伙企业债务承担责任的合伙组织。引入合伙人有限责任制度有利于调动各方的投资热情，实现投资者与创业者的最佳结合，尤其适合于风险投资。这种组织形式运用到风险投资中，可以由负责企业日常经营管理的普通合伙人承担无限连带责任，而资金投入者只承担有限责任。

在法律适用中，凡是《合伙企业法》中对有限合伙企业有特殊规定的，应当适用有关《合伙企业法》中对有限合伙企业的特殊规定。无特殊规定的，适用有关普通合伙企业及其合伙人的一般规定。

（二）有限合伙企业设立的特殊规定

1. 有限合伙企业人数

《合伙企业法》规定，有限合伙企业由 2 个以上 50 个以下合伙人设立；有限合伙企业至少应当有 1 个普通合伙人。此外，自然人、法人和其他组织可以依照法律规定设立有限合伙企业，但国有独资公司、国有企业、上市公司以及公益性的事业单位、社会团体不得成为有限合伙企业的普通合伙人。

2. 有限合伙企业名称

《合伙企业法》规定，有限合伙企业名称中应当标明“有限合伙”字样。

3. 有限合伙企业协议

有限合伙企业协议是有限合伙企业生产经营的重要法律文件。有限合伙企业协议除符合普通合伙企业合伙协议的规定外，还应当载明下列事项：①普通合伙人和有限合伙人的姓名或者名称、住所；②执行事务合伙人应具备的条件和选择程序；③执行事务合伙人权限与违约处理办法；④执行事务合伙人的除名条件和更换程序；⑤有限合伙人入伙、退伙的条件、程序以及相关责任；⑥有限合伙人和普通合伙人相互转变程序。

4. 有限合伙人出资形式

《合伙企业法》规定，有限合伙人可以用货币、实物、知识产权、土地使用权或者其他财产权利作价出资。有限合伙人不得以劳务出资。劳务出资的实质是用未来劳动创造的收入来投资，而有限合伙人并不参与企业事务的执行。

5. 有限合伙人出资义务

《合伙企业法》规定，有限合伙人应当按照合伙协议的约定按期足额缴纳出资；未按期足额缴纳的，应当承担补缴义务，并对其他合伙人承担违约责任。

6. 有限合伙企业登记事项

《合伙企业法》规定，有限合伙企业登记事项中应当载明有限合伙人的姓名或者名称及认缴的出资数额。

（三）有限合伙企业事务执行的特殊规定

1. 有限合伙企业事务执行人

《合伙企业法》规定，有限合伙企业由普通合伙人执行合伙事务。执行事务合伙人可以要求在合伙协议中确定执行事务的报酬及报酬提取方式。

2. 禁止有限合伙人执行合伙事务

《合伙企业法》规定，有限合伙人不执行合伙事务，不得对外代表有限合伙企业。另外，《合伙企业法》规定，第三人有理由相信有限合伙人为普通合伙人并与其交易的，该有限合伙人对该笔交易承担与普通合伙人同样的责任。有限合伙人未经授权以有限合伙企业名义与他人进行交易，给有限合伙企业或者其他合伙人造成损失的，该有限合伙人应当承担赔偿责任。

3. 有限合伙企业利润分配

《合伙企业法》规定，有限合伙企业不得将全部利润分配给部分合伙人；但是，合伙协议另有约定的除外。

4. 有限合伙人权利

（1）有限合伙人可以同本企业进行交易；但是，合伙协议另有约定的除外。因为有限合伙人并不参与有限合伙企业事务的执行，有限合伙人与本有限合伙企业进行交易时，一般不会损害本有限合伙企业的利益。

（2）有限合伙人可以自营或者同他人合作经营与本有限合伙企业相竞争的业务；但是，合伙协议另有约定的除外。与普通合伙人不同，有限合伙人一般不承担竞业禁止义务，因为有限合伙人实质上是投资者，如果有限合伙人承担竞业禁止义务，则会限制投资者的投资热情，不利于经济的良性发展。

（四）有限合伙企业财产出质与转让的特殊规定

1. 有限合伙人财产份额出质

《合伙企业法》规定，有限合伙人可以将其在有限合伙企业中的财产份额出质，但是，合伙协议另有约定的除外。有限合伙人将其在有限合伙企业中的财产份额进行出质，产生的最终后果是有限合伙企业的有限合伙人财产的转让，这并不影响有限合伙企业的资合性。但是，有限合伙企业合伙协议可以对有限合伙人的财产份额出质作出约定，如有特殊约定，应按特殊约定进行。

2. 有限合伙人财产份额转让

《合伙企业法》规定，有限合伙人可以按照合伙协议的约定向合伙人以外的人转让其在有限合伙企业中的财产份额，但应当提前30日通知其他合伙人。

（五）有限合伙人债务清偿的特殊规定

《合伙企业法》规定，有限合伙人的自有财产不足清偿其与合伙企业无关的债务的，该合伙人可以以其从有限合伙企业中分取的收益用于清偿；债权人也可以依法请求人民法院强制执行该合伙人在有限合伙企业中的财产份额用于清偿。人民法院强制执行有限合伙人的财产份额时，应当通知全体合伙人。在同等条件下，其他合伙人有优先购买权。

（六）有限合伙企业入伙与退伙的特殊规定

1. 入伙

《合伙企业法》规定，新入伙的有限合伙人对入伙前有限合伙企业的债务，以其认缴的出资额为限承担责任。

2. 退伙

（1）有限合伙人当然退伙。《合伙企业法》规定，有限合伙人出现下列情形时当然退伙：①作为合伙人的自然人死亡或者被依法宣告死亡；②作为合伙人的法人或者其他组织依法被吊销营业执照、责令关闭、撤销，或者被宣告破产；③法律规定或者合伙协议约定合伙人必须具有相关资格而丧失该资格；④合伙人在合伙企业中的全部财产份额被人民法院强制执行。

（2）有限合伙人丧失民事行为能力的处理。《合伙企业法》规定，作为有限合伙人的自然人在有限合伙企业存续期间丧失民事行为能力的，其他合伙人不得因此要求其退伙。

（3）有限合伙人继承人的权利。《合伙企业法》规定，作为有限合伙人的自然人死亡、被依法宣告死亡或者作为有限合伙人的法人及其他组织终止时，其继承人或者权利承受人可以依法取得该有限合伙人在有限合伙企业中的资格。

（4）有限合伙人退伙后责任承担。《合伙企业法》规定，有限合伙人退伙后，对基于其退伙前的原因发生的有限合伙企业债务，以其退伙时从有限合伙企业中取回的财产承担责任。

（七）合伙人性质转变的特殊规定

《合伙企业法》规定，除合伙协议另有约定外，普通合伙人转变为有限合伙人，或者有限合伙人转变为普通合伙人，应当经全体合伙人一致同意。有限合伙人转变为普通合伙人的，对其作为有限合伙人期间有限合伙企业发生的债务承担无限连带责任。普通合伙人转变为有限合伙人的，对其作为普通合伙人期间合伙企业发生的债务承担无限连带责任。

四、合伙企业的解散和清算

（一）合伙企业的解散

合伙企业解散是指各合伙人解除合伙协议，合伙企业终止活动。

根据《合伙企业法》的规定，合伙企业有下列情形之一的，应当解散：①合伙期限届满，合伙人决定不再经营；②合伙协议约定的解散事由出现；③全体合伙人决定解散；④合伙人已不具备法定人数满30天；⑤合伙协议约定的合伙目的已经实现或者无法实现；⑥依法被吊销营业执照、责令关闭或者被撤销；⑦法律、行政法规规定的其他原因。

（二）合伙企业的清算

合伙企业解散的，应当进行清算。《合伙企业法》对合伙企业清算作了以下几方面的规定。

1. 确定清算人

合伙企业解散，应当由清算人进行清算。清算人由全体合伙人担任；经全体合伙人过半数同意，可以自合伙企业解散事由出现后15日内指定一个或者数个合伙人，或者委托第三人，担任清算人。自合伙企业解散事由出现之日起15日内未确定清算人的，合伙人或者其他利害关系人可以申请人民法院指定清算人。

2. 清算人职责

清算人在清算期间执行下列事务：①清理合伙企业财产，分别编制资产负债表和财产清单；②处理与清算有关的合伙企业未了结事务；③清缴所欠税款；④清理债权、债务；⑤处理合伙企业清偿债务后的剩余财产；⑥代表合伙企业参加诉讼或者仲裁活动。

3. 通知和公告债权人

清算人自被确定之日起10日内将合伙企业解散事项通知债权人，并于60日内在报纸上公告。债权人应当自接到通知书之日起30日内，未接到通知书的自公告之日起45日内，向清算人申报债权。清算期间，合伙企业存续，但不得开展与清算无关的经营活动。

4. 财产清偿顺序

合伙企业在支付清算费用和职工工资、社会保险费用、法定补偿金以及缴纳所欠税款、清偿债务后的剩余财产，依照《合伙企业法》关于利润分配和亏损分担的规定进行分配。

5. 注销登记

清算结束，清算人应当编制清算报告，经全体合伙人签名、盖章后，在15日内向企业登记机关报送清算报告，申请办理合伙企业注销登记。合伙企业注销后，原普通合伙人对合伙企业存续期间的债务仍应承担无限连带责任。

6. 合伙企业不能清偿到期债务的处理

合伙企业不能清偿到期债务的，债权人可以依法向人民法院提出破产清算申请，也可以要求普通合伙人清偿。合伙企业依法被宣告破产的，普通合伙人对合伙企业债务仍应承担无限连带责任。

第三节　个人独资企业法

一、个人独资企业法概述

（一）个人独资企业法的概念

个人独资企业法有广义和狭义之分。广义的个人独资企业法是指国家关于个人独资企业的各种法律规范的总称；狭义的个人独资企业法仅指 1999 年 8 月 30 日第九届全国人大常委会第 11 次会议通过的《中华人民共和国个人独资企业法》（以下简称《个人独资企业法》）。制定该法的目的，是为了规范个人独资企业的行为，保护个人独资企业投资人和债权人的合法权益，维护社会经济秩序，促进社会主义市场经济的发展。

（二）个人独资企业的概念和特点

个人独资企业是指依照《个人独资企业法》在中国境内设立，由一个自然人投资，财产为投资个人所有，投资人以其个人财产对企业债务承担无限责任的经营实体。个人独资企业具有以下特征。

1. 个人独资企业是由一个自然人投资的企业

根据《个人独资企业法》的规定，设立个人独资企业只能是一个自然人，国家机关、国家授权投资的机构或者国家授权的部门、企业、事业单位等都不能作为个人独资企业的设立人。个人独资企业由于规模较小，一般属于中小企业。《个人独资企业法》第四十七条规定，外商独资企业不适用本法。

2. 个人独资企业的投资人对企业的债务承担无限责任

由于个人独资企业的投资人是一个自然人，对企业的出资多少、是否追加资金或减少资金、采取什么样的经营方式等事项均由投资人一人做主，从权利和义务上看，投资人与企业通常是不可分割的。投资人对企业的债务承担无限责任，即当企业的资产不足以清偿到期债务时，投资人应以自己个人的全部财产用于清偿，这实际上将企业的责任与投资人的责任连为一体。

3. 个人独资企业内部机构设置简单，经营管理方式灵活性较大

个人独资企业的投资人既可以是企业的所有者，又可以是企业的经营者，因此，法律对其内部机构和经营管理方式不像公司和其他企业那样加以严格的规定。

4. 个人独资企业是非法人企业

个人独资企业由一个自然人出资，投资人对企业的债务承担无限责任，因此，个人独资企业不具有法人资格，也无独立承担民事责任的能力。个人独资企业虽然不具有法人资格，但却是独立的民事主体，可以自己的名义从事民事活动。

二、个人独资企业的设立

（一）个人独资企业的设立条件

根据《个人独资企业法》第八条的规定，设立个人独资企业应具备下列条件。

1. 投资人为一个中国公民

个人独资企业的投资人为一个自然人，且只能是一个中国公民，并且不能是法律、行政法规禁止从事营利性活动的人。

2. 有合法的企业名称

名称是企业的标志，企业必须有相应的名称，并应符合法律法规的

要求。个人独资企业的名称应当符合国家关于企业名称登记管理的有关规定，企业名称应与其责任形式及从事的营业相符合。个人独资企业的名称中不得使用“有限”“有限责任”或“公司”字样，个人独资企业的名称可以叫厂、店、部、中心、工作室等。

3. 有投资人申报的出资

《个人独资企业法》对设立个人独资企业的出资数额未做限制，只是规定要有出资。根据国家市场监督管理总局《关于实施〈个人独资企业登记管理办法〉有关问题的通知》的规定，设立个人独资企业可以用货币出资，也可以用实物、土地使用权知识产权或其他财产权利出资，采取实物、土地使用权、知识产权或其他财产权利出资的，应将其折算成货币数额。投资人申报的出资额应当与企业的生产经营规模相适应。究竟多少为宜，法律法规并未作出具体规定。投资人可以个人财产出资，也可以家庭共有财产作为个人出资。以家庭共有财产作为个人出资的，投资人应当在设立（变更）登记申请书上予以注明。

4. 有固定的生产经营场所和必要的生产经营条件

生产经营场所包括企业的住所和与生产经营相适应的处所。

5. 有必要的从业人员

设立个人独资企业，要有与其生产经营范围、规模相适应的从业人员。

（二）个人独资企业的设立程序

1. 提出申请

申请设立个人独资企业，应当由投资人或其委托的代理人向个人独资企业所在地的登记机关提出设立申请。

2. 工商登记

登记机关应当在收到设立申请文件之日起 15 日内，对符合《个人独资企业法》规定条件的，予以登记，发给营业执照；对不符合《个人独资企业法》规定条件的，不予登记，并发给企业登记驳回通知书。个人独资企业营业执照的签发日期，为个人独资企业成立日期，在领取个人独资企业营业执照前，投资人不得以个人独资企业名义从事经营活动。

3. 分支机构登记

个人独资企业设立分支机构，应当由投资人或其委托的代理人向分支机构所在地的登记机关申请设立登记。

三、个人独资企业的投资人及事务管理

（一）个人独资企业的投资人

个人独资企业投资人，是指以其财产投资设立独资企业的自然人。

根据《个人独资企业法》的规定，个人独资企业的投资人为一个具有中国国籍的自然人，但法律行政法规禁止从事营利性活动的人不得作为投资人申请设立独资企业。根据我国有关法律、行政法规规定，国家公务员、党政机关领导干部、警官、法官、检察官、商业银行工作人员等人员，不得作为投资人申请设立个人独资企业。

（二）个人独资企业的事务管理

1. 个人独资企业的事务管理人

个人独资企业投资人可以自行管理企业事务，也可以委托或聘用其他具有民事行为能力的人负责企业的事务管理。受托人或被聘用的人员应当履行诚信、勤勉义务，以诚实信用的态度对待投资人对待企业，尽其所能依法保障企业利益，按照与投资人签订的合同负责个人独资企业的事务管理，不得实施下列行为：①利用职务上的便利索取或收受贿赂；②利用职务或工作上的便利侵占企业财产；③挪用企业的资金归个

人使用或借贷给他人；④擅自将企业资金以个人名义或他人名义开立账户储存；⑤擅自以企业财产提供担保；⑥未经投资人同意，从事与本企业相竞争的业务；⑦未经投资人同意，同本企业订立合同或进行交易；⑧未经投资人同意，擅自将企业商标或其他知识产权转让给他人使用；⑨泄露本企业的商业秘密；⑩法律、行政法规禁止的其他行为。

2. 个人独资企业的事务管理内容

根据《个人独资企业法》的规定，个人独资企业事务管理的主要内容有以下三种。

（1）会计事务管理。个人独资企业应当依法设置会计账簿，进行会计核算。

（2）用工事务管理。个人独资企业招用职工，应当依法与职工签订劳动合同，保障职工的劳动安全，按时、足额发放职工工资。个人独资企业应严格依照《中华人民共和国劳动法》及有关规定招用职工。

（3）社会保险事务管理。个人独资企业应当按照国家规定参加社会保险，为职工缴纳社会保险费。

四、个人独资企业的权利

《个人独资企业法》对个人独资企业规定了四个方面的权利，具体内容如下。

（一）依法申请贷款

个人独资企业可以根据《中华人民共和国商业银行法》《中华人民共和国合同法》和中国人民银行发布的《贷款通则》等一系列法律法规的规定申请贷款，以供企业生产经营之用。

（二）依法取得土地使用权

《个人独资企业法》规定，个人独资企业可以依法取得土地使用权。

个人独资企业可以根据《中华人民共和国土地管理法》《中华人民共和国土地管理法实施条例》等法律法规取得土地使用权。

（三）拒绝摊派权

摊派是指在法律法规的规定之外，以任何方式要求企业提供财力、物力和人力的行为。《个人独资企业法》规定，任何单位和个人不得违反法律行政法规的规定，以任何方式强制个人独资企业提供财力、物力、人力；对于违法强制提供财力、物力、人力的行为，个人独资企业有权拒绝。

（四）法律行政法规规定的其他权利

个人独资企业除享有上述权利外，还依法享有十分广泛的权利，例如，根据《中华人民共和国专利法》，企业可以取得专利保护；根据《中华人民共和国商标法》，企业可以取得商标保护等。

五、个人独资企业的解散和清算

（一）个人独资企业的解散

个人独资企业的解散，是指个人独资企业终止活动，使其民事主体资格消灭的行为。根据《个人独资企业法》第二十六条的规定，个人独资企业有下列情形之一的，应当解散：①投资人决定解散；②投资人死亡或被宣告死亡，无继承人或继承人决定放弃继承；③被依法吊销营业执照；④法律、行政法规规定的其他情形。

（二）个人独资企业的清算

个人独资企业解散时，应当进行清算。《个人独资企业法》对个人独资企业的清算做了如下规定。

1．通知和公告债权人

《个人独资企业法》第二十七条规定，个人独资企业解散，由投资人自行清算或由债权人申请人民法院指定清算人进行清算。投资人自行清算的，应当在清算前15日内书面通知债权人；无法通知的，应当予以公告。债权人应当在接到通知之日起30日内，未接到通知的应当在公告之日起60日内，向投资人申报其债权。

2．财产清偿顺序

《个人独资企业法》第二十九条规定，个人独资企业解散的，财产应当按照下列顺序清偿：①所欠职工工资和社会保险费用；②所欠税款；③其他债务。个人独资企业财产不足以清偿债务的，投资人应当以其个人的其他财产予以清偿。

3．清算期间对投资人的要求

《个人独资企业法》第三十条规定，清算期间，个人独资企业不得开展与清算目的无关的经营活动。在按前述财产清偿顺序清偿债务前，投资人不得转移、隐匿财产。

4．投资人的持续偿债责任

根据《个人独资企业法》第二十八条规定，个人独资企业解散后，原投资人对个人独资企业存续期间的债务仍应承担偿还责任，但债权人在5年内未向债务人提出偿债请求的，该责任消灭。

5．注销登记

个人独资企业清算结束后，投资人或人民法院指定的清算人应当编制清算报告，并于清算结束之日起15日内向原登记机关申请注销登记。个人独资企业办理注销登记时，应当缴回营业执照。

第五章　市场规则法律制度

第一节　食品安全法与产品质量法

一、食品安全法

（一）食品安全法的概念

食品安全法是指调整食品安全关系的法律规范的总称。食品安全法律规范可以有形式意义和实质意义之分。从实质意义上来讲，食品安全法包括与食品安全相关的所有法律规范的综合，是以保障食品安全、保护个人生命健康为目的的法律规范和法律原则的总称。现阶段，我国食品安全法律体系主要包括《中华人民共和国食品安全法》《中华人民共和国产品质量法》《中华人民共和国农产品质量安全法》《中华人民共和国渔业法》《中华人民共和国计量法》《中华人民共和国标准化法》《中华人民共和国进出口商品检验法》《中华人民共和国突发事件应对法》等及大量食品安全管理条例、规章制度、地方性法规等。从形式意义上来讲，食品安全法专指以法典形式表述的《中华人民共和国食品安全法》。

食品安全包括食品数量上的安全和食品质量上的安全等。这里的食品安全主要是指食品的质量安全，食品安全法所调整的也主要是食品质量安全领域的法律关系。因此，食品安全关系主要包括以下两个方面：一是食品安全监督管理关系，这一关系是发生在行政机关履行食品安全

监督管理职能过程中与生产经营者之间的关系，是管理、监督与被管理、被监督的关系；二是食品安全责任关系，这一关系是发生在食品生产经营者和消费者及相关第三人之间，因食品安全问题引发的损害赔偿责任关系，是一种在商品交易关系中发生的平等主体间的经济关系。因此，食品安全关系既非平等主体之间，以意思自治为主要特征的契约关系，也非带有强制和服从色彩的行政隶属关系，而是国家对市场中食品生产、加工、流通和消费过程的调节控制而产生的一种经济法律关系。

食品安全法作为一个新的部门法，就其解决的问题来看，它的内容应该是动态的，应该是一部包含全部食品安全问题的综合性法律；从其性质来看，它属于经济法下的一个重要分支，在我国经济法律体系中占有重要地位。社会本位是经济法的首要特征，维护经济活动中社会公共利益是其根本目的。食品安全法以维护广大消费者的合法权益为主要目标，鼓励食品的生产者和经营者采取保障食品安全的有效措施，并对于那些没有达到国家法律要求的违法违规的食品生产经营行为予以必要的行政处分和行政制裁。食品安全法的最终目的是保障公众的生命安全、人身健康和财产安全，维护食品生产经营活动的正常秩序，进而促进社会的稳定发展和人类的和谐相处。

（二）食品安全法的立法宗旨

我国《食品安全法》第一条明确指出其立法宗旨为“为了保证食品安全，保障公众身体健康和生命安全”。随着我国社会生活及经济水平的快速发展，人们对食品消费质量的要求不断提高，我国已从长期食品短缺向食物相对剩余转变，从温饱型社会向享受型社会转变。同时，人们也越来越多地认识到，食品安全是人类生存和发展的基础，食品安全关系着每一个人的健康和生命。食品安全问题是关系社会民生、国家经济健康发展和社会和谐稳定的重大社会问题。近些年来，国家虽然不断加大食品安全监管力度，但食品安全事件依然屡屡发生，不断引发社会公众对食品安全的恐慌，这对国家和社会的稳定以及经济的良性发展产生了一定的冲击。因此，保障公众的身体健康和生命安全理应成为食品安全法最核心的价值理念。

保障公众的身体健康和生命安全的立法宗旨，在我国《消费者权益保护法》中就有所体现。该法第二章和第三章分别规定了消费者在购买食品时所享有的权利以及生产者、经营者负有的相应的保障食品安全的义务。《中华人民共和国食品安全法》和《中华人民共和国消费者权益保护法》的有机衔接明确了国家、食品相关企业和消费者之间的权利义务关系，更好地达到了保障公众身体健康和生命安全的目的。应将保障公众的身体健康、生命安全置于获取安全食品权利的首要位置。所有关于食品安全的法律法规，都应被视为是保障公众身体健康、生命安全并为之实现所提供的各种手段和方法。

我国《食品安全法》围绕保障“食品安全”进行制度设计，其主要内容表现在五个方面（见图 5-1）。

国务院设立食品安全委员会，作为高层次的议事协调机构，协调、指导食品安全工作，国务院各有关职能部门在其职责范围内分段实施监管

明确食品安全风险评估的法律地位，食品安全监管有了科学依据，食品安全风险评估就是对食品中生物性、化学性和物理性危害对人体健康可能造成的不良影响进行科学评估

规范食品安全监管部门的权力和责任，监管制度更加合理，基于“以人为本，科学监管”在监管体制、监管依据、监管内容、监管手段、监管信息等方面都做出了具体的规定

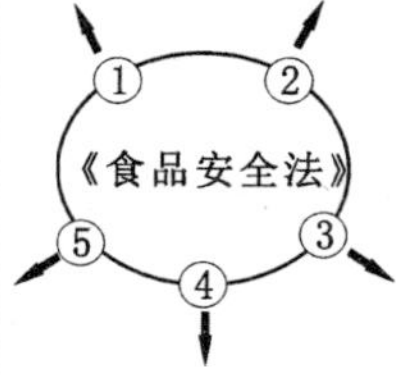

规范食品安全标准的制定，有利于保障监管工作的统一性。为解决一种食品有多套标准适用的问题，《食品安全法》规定制定食品安全标准，应以保障公众身体健康为宗旨，做到科学合理，安全可靠

注重食品生产经营的管理，维护好消费者的利益，强化食品生产经营者作为食品安全第一责任人制度，要求食品生产经营者建立健全本单位的食品安全管理制度，加强对职工安全知识培训，配备专职或兼职食品安全管理人员，做好对所生产经营食品的检验检测工作，依法从事食品生产经营活动

图 5-1 《食品安全法》的主要内容

我国《食品安全法》的颁布实施，对于规范食品生产经营活动，防范食品安全事故发生，增强食品安全工作的规范性、科学性及有效性，提高我国食品安全整体水平，具有十分重要的意义。

（三）食品安全法的体系和基本内容

我国《食品安全法》在体系上分为十章，共一百五十四条。

（1）第一章（第一至第十三条）总则。规定了食品安全法的立法目的、调整范围和基本原则，规范了食品生产者的责任，确定了食品安全监管体系，明确了包括中央政府各部门及县级以上地方人民政府及其相关部门的监管职权和责任，以及食品行业协会、各人民团体、基层群众性自治组织、新闻媒体和社会公众的监督权利。

（2）第二章（第十四至第二十三条）食品安全风险监测和评估法律制度。确定了食品安全风险监测和评估的基本内容，对食品安全风险监测计划及风险评估的具体实施、风险评估结果的作用，以及风险警示的提出作了明确和具体的规定。

（3）第三章（第二十四至第三十二条）食品安全标准法律制度。对制定食品安全标准的原则、食品安全标准的性质和内容、食品安全标准的制定、公布和执行等内容作出了规定。

（4）第四章（第三十三至第八十三条）食品生产经营法律制度。对食品安全生产经营要求、食品生产许可、食品安全全程追溯、食品安全责任保险、食品生产经营全程控制、食品标签说明书和广告等制度，以及特殊食品的生产经营作出了具体而详细的规定。

（5）第五章（第八十四至第九十条）食品检验法律制度。对食品检验机构的资质认定、食品检验人的权利义务、食品检验方式等内容作出了明确规定。

（6）第六章（第九十一至第一百零一条）食品进出口法律制度。对我国进出口食品的法律要求、我国出入境检验检疫部门的职权及责任、进出口企业的权利义务作出了具体规定。

(7) 第七章（第一百零二至第一百零八条）食品安全事故处置制度。明确规定了制定食品安全事故应急预案、食品安全事故报告制度、食品安全事故处置措施、食品安全事故责任调查及事故调查要求、疾病预防控制机构的责任。

(8) 第八章（第一百零九至第一百二十一条）监督管理。对食品安全监督管理计划的制定、监管部门进行监督检查的要求、有权采取的措施执法人员的培训，以及食品生产经营者信用档案管理、食品安全信息公开制度作出了规定。

(9) 第九章（第一百二十二至第一百四十九条）法律责任。明确规定了各种违反《食品安全法》的责任，主要包括食品生产经营者、食品检验机构、政府及监管部门的违法责任。

(10) 第十章（第一百五十至第一百五十四条）附则。主要对《食品安全法》的用语进行了解释，对特殊食品的管理、国务院对食品安全监督管理体制的调整权、施行时间等作了明确规定。

二、产品质量法

（一）产品质量法概述

1. 产品与产品质量

产品，是指经过人类劳动，能够被人们使用和消费，并能满足人们某种需求的物品。《中华人民共和国产品质量法》（以下简称《产品质量法》）规定，产品是指经过加工、制作，用于销售的产品。

产品质量，是指产品符合人们需要的内在素质与外观形态的各种特征的综合状态。具体包括产品的功能性安全性、可靠性、经济性和可维修性等内容。

2. 产品质量法

产品质量法，是调整因产品质量而产生的社会关系的法律规范的总称。《产品质量法》于1993年2月制定，2000年7月第一次修正，2009年8月27日第十一届全国人民代表大会常务委员会第十次会议《关于修改部分法律的决定》第二次修正。《产品质量法》的制定与修改的立法原则是加强对产品质量的监督管理，提高产品质量水平，明确产品质量责任，保护消费者的合法权益维护社会经济秩序。除《产品质量法》外，涉及产品质量的法律法规还包括：《计量法》《标准化法》《质量认证管理条例》等。

3. 产品质量法的调整范围

产品质量法中的产品是一个特定的概念，有特定的范围，它仅是指经过加工、制作，用于销售的产品。这里所称的产品有两个特点：一是经过加工制作，也就是将原材料、半成品经过加工、制作，改变形状、性质、状态，成为产成品，而未经加工的农产品、狩猎品等不在其列；二是用于出售，也就是进入市场用于交换的商品，不用于销售仅是自己为自己加工制作所用的物品不在其列。除了产品的这两个特点外，并不是经过加工、制作和用于销售的产品都由产品质量法调整，而是另有法律规定的则分别由有关法律进行调整，主要的有：食品卫生质量由食品卫生法进行调整，药品质量由药品管理法进行调整，建筑质量由建筑法进行调整，此外还有一些法律涉及特定产品的质量，则按有关法律的规定办理。

（二）生产者、销售者的产品质量责任和义务

1. 生产者的产品质量责任和义务

（1）产品本身的质量要求

生产者应当对其生产的产品质量负责，产品质量应当符合下列

要求。

第一，不存在危及人身、财产安全的不合理的危险，有保障人体健康和人身、财产安全的国家标准、行业标准的，应当符合该标准。

第二，具备产品应当具备的使用性能，但是，对产品存在使用性能的瑕疵作出说明的除外。

第三，符合在产品或者其包装上注明采用的产品标准，符合以产品说明实物样品等方式表明的质量状况。

（2）产品或者其包装上的标识应当符合的要求

产品或者其包装上的标识必须真实，并符合下列要求。

第一，有产品质量检验合格证明。

第二，有中文标明的产品名称生产厂厂名和厂址。

第三，根据产品的特点和使用要求，需要标明产品规格、等级、所含主要成分的名称和含量的，用中文相应予以标明；需要事先让消费者知晓的，应当在外包装上标明，或者预先向消费者提供有关资料。

第四，限期使用的产品，应当在显著位置清晰地标明生产日期和安全使用期或者失效日期。

第五，使用不当，容易造成产品本身损坏或者可能危及人身、财产安全的产品，应当有警示标志或者中文警示说明。裸装的食品和其他根据产品的特点难以附加标识的裸装产品，可以不附加产品标识。

（3）特殊产品包装要求

易碎、易燃、易爆有毒、有腐蚀性、有放射性等危险物品以及储运中不能倒置和其他有特殊要求的产品，其包装质量必须符合相应要求，依照国家有关规定做出警示标志或者中文警示说明，标明储运注意事项。

（4）生产者禁止性行为

生产者不得生产国家明令淘汰的产品。生产者不得伪造产地，不得伪造或者冒用他人的厂名、厂址。生产者不得伪造或者冒用认证标志等质量标志。生产者生产产品，不得掺杂、掺假，不得以假充真、以次充好，不得以不合格产品冒充合格产品。

2. 销售者的产品质量责任和义务

（1）销售者的产品质量责任

第一，销售者应当建立并执行进货检查验收制度，验明产品合格证明和其他标识。

第二，销售者应当采取措施，保持销售产品的质量。

第三，销售者销售的产品的标识应当符合《产品质量法》第二十七条的规定。产品或者其包装上的标识必须真实，并符合下列要求：①有产品质量检验合格证明；②有中文标明的产品名称、生产厂厂名和厂址；③根据产品的特点和使用要求，需要标明产品规格等级、所含主要成分的名称和含量的，用中文相应予以标明；需要事先让消费者知晓的，应当在外包装上标明，或者预先向消费者提供有关资料；④限期使用的产品，应当在显著位置清晰地标明生产日期和安全使用期或者失效日期；⑤使用不当，容易造成产品本身损坏或者可能危及人身、财产安全的产品，应当有警示标志或者中文警示说明。裸装的食品和其他根据产品的特点难以附加标识的裸装产品，可以不附加产品标识。

（2）销售者的禁止性义务

第一，销售者不得销售国家明令淘汰并停止销售的产品和失效、变质的产品。

第二，销售者不得伪造产地，不得伪造或者冒用他人的厂名、厂址。

第三，销售者不得伪造或者冒用认证标志等质量标志。

第四，销售者销售产品，不得掺杂、掺假，不得以假充真、以次充好，不得以不合格产品冒充合格产品。

（三）产品质量责任制度

产品质量责任制度是指生产者销售者以及对产品质量负有直接责任的责任者，因违反产品质量法所规定的产品质量义务所应承担法律责任的制度。

1. 民事责任

第一，售出的产品有下列情形之一的，销售者应当负责修理、更换、退货；给购买产品的消费者造成损失的，销售者应当赔偿损失：①不具备产品应当具备的使用性能而事先未作说明的；②不符合在产品或者其包装上注明采用的产品标准的；③不符合以产品说明、实物样品等方式表明的质量状况的。

销售者依照规定负责修理、更换、退货赔偿损失后，属于生产者的责任或者属于向销售者提供产品的其他销售者（以下简称供货者）的责任的，销售者有权向生产者、供货者追偿。销售者未按照规定给予修理、更换退货或者赔偿损失的，由产品质量监督部门或者工商行政管理部门责令改正。生产者之间，销售者之间，生产者与销售者之间订立的买卖合同、承揽合同有不同约定的，合同当事人按照合同约定执行。

第二，因产品存在缺陷造成人身、缺陷产品以外的其他财产（以下简称他人财产）损害的，生产者应当承担赔偿责任。生产者能够证明有下列情形之一的，不承担赔偿责任：①未将产品投入流通的；②产品投入流通时，引起损害的缺陷尚不存在的；③将产品投入流通时的科学技术水平尚不能发现缺陷的存在的。

第三，由于销售者的过错使产品存在缺陷，造成人身、他人财产损害的，销售者应当承担赔偿责任。销售者不能指明缺陷产品的生产者也不能指明缺陷产品的供货者的，销售者应当承担赔偿责任。

第四，因产品存在缺陷造成人身、他人财产损害的，受害人可以向产品的生产者要求赔偿，也可以向产品的销售者要求赔偿。属于产品的

生产者的责任，产品的销售者赔偿的，产品的销售者有权向产品的生产者追偿。属于产品的销售者的责任，产品的生产者赔偿的，产品的生产者有权向产品的销售者追偿。

因产品存在缺陷造成受害人人身伤害的，侵害人应当赔偿医疗费、治疗期间的护理费、因误工减少的收入等费用；造成残疾的，还应当支付残疾者生活自助费、生活补助费、残疾赔偿金以及由其抚养的人所必需的生活费等费用；造成受害人死亡的，应当支付丧葬费死亡赔偿金以及由死者生前抚养的人所必需的生活费等费用。

因产品存在缺陷造成受害人财产损失的，侵害人应当恢复原状或者折价赔偿。受害人因此遭受其他重大损失的，侵害人应当赔偿损失。

因产品存在缺陷造成损害要求赔偿的诉讼时效期间为 2 年，自当事人知道或者应当知道其权益受到损害时起计算。因产品存在缺陷造成损害要求赔偿的请求权，在造成损害的缺陷产品交付最初消费者满 10 年丧失；但是，尚未超过明示的安全使用期的除外。

2. 行政责任

第一，生产、销售不符合保障人体健康和人身、财产安全的国家标准、行业标准的产品的，责令停止生产、销售，没收违法生产、销售的产品，并处违法生产、销售产品（包括已售出和未售出的产品，下同）货值金额等值以上三倍以下的罚款；有违法所得的，并处没收违法所得；情节严重的，吊销营业执照。

第二，在产品中掺杂掺假，以假充真，以次充好，或者以不合格产品冒充合格产品的，责令停止生产、销售，没收违法生产、销售的产品，并处违法生产、销售产品货值金额百分之五十以上三倍以下的罚款；有违法所得的，并处没收违法所得；情节严重的，吊销营业执照。

第三，生产国家明令淘汰的产品的，销售国家明令淘汰并停止销售的产品的，责令停止生产、销售，没收违法生产，销售的产品，并处违法生产销售产品货值金额等值以下的罚款；有违法所得的，并处没收违法所得；情节严重的，吊销营业执照。

第四，销售失效、变质的产品的，责令停止销售，没收违法销售的产品，并处违法销售产品货值金额两倍以下的罚款；有违法所得的，并处没收违法所得；情节严重的，吊销营业执照。

第五，伪造产品产地的，伪造或者冒用他人厂名、厂址的，伪造或者冒用认证标志等质量标志的，责令改正，没收违法生产、销售的产品，并处违法生产、销售产品货值金额等值以下的罚款；有违法所得的，并处没收违法所得；情节严重的，吊销营业执照。

第六，拒绝接受依法进行的产品质量监督检查的，给予警告，责令改正；拒不改正的，责令停业整顿；情节特别严重的，吊销营业执照。

第七，产品质量检验机构、认证机构伪造检验结果或者出具虚假证明的，责令改正，对单位处 5 万元以上 10 万元以下的罚款，对直接负责的主管人员和其他直接责任人员处 1 万元以上 5 万元以下的罚款；有违法所得的，并处没收违法所得；情节严重的，取消其检验资格、认证资格。产品质量检验机构、认证机构出具的检验结果证明不实，造成损失的，应当承担相应的赔偿责任；造成重大损失的，撤销其检验资格、认证资格。

第八，社会团体、社会中介机构对产品质量作出承诺、保证，而该产品又不符合其承诺、保证的质量要求，给消费者造成损失的，与产品的生产者、销售者承担连带责任。

第九，在广告中对产品质量做虚假宣传，欺骗和误导消费者的，依照《中华人民共和国广告法》的规定追究法律责任。

第十，各级人民政府工作人员和其他国家机关工作人员有下列情形之一的，依法给予行政处分：①包庇、放纵产品生产、销售中违反《产品质量法》规定行为的；②向从事违反《产品质量法》规定的生产、销售活动的当事人通风报信，帮助其逃避查处的；③阻挠、干预产品质量监督部门或者工商行政管理部门依法对产品生产、销售中违反《产品质量法》规定的行为进行查处，造成严重后果的。

第十一，产品质量监督部门或者工商行政管理部门的工作人员滥用职权、玩忽职守、徇私舞弊，尚不构成犯罪的，依法给予行政处分。

3. 刑事责任

第一，生产、销售不符合保障人体健康和人身、财产安全的国家标准、行业标准的产品，构成犯罪的，依法追究刑事责任。

第二，在产品中掺杂掺假，以假充真，以次充好，或者以不合格产品冒充合格产品，构成犯罪的，依法追究刑事责任。

第三，产品质量检验机构、认证机构伪造检验结果或者出具虚假证明，构成犯罪的，依法追究刑事责任。

第四，知道或者应当知道属于《产品质量法》规定禁止生产、销售的产品而为其提供运输、保管、仓储等便利条件，或者为以假充真的产品提供制假生产技术，构成犯罪的，依法追究刑事责任。

第五，各级人民政府工作人员和其他国家机关工作人员有下列情形之一，构成犯罪的，依法追究刑事责任：①包庇、放纵产品生产、销售中违反《产品质量法》规定行为的；②向从事违反《产品质量法》规定的生产、销售活动的当事人通风报信，帮助其逃避查处的；③阻挠、干预产品质量监督部门或者市场监督管理部门依法对产品生产、销售中违反《产品质量法》规定的行为进行查处，造成严重后果的。

第六，以暴力、威胁方法阻碍产品质量监督部门或者市场监督管理部门的工作人员依法执行职务的，依法追究刑事责任。

第二节　消费者权益保护法

一、消费者权益保护法概述

（一）消费者的概念

消费者是指为生活消费需要而购买、使用商品或者接受服务的人。

消费者具有以下法律特征：①消费者的消费在性质上属于生活消费；②消费者消费的客体是商品和服务；③消费者的消费方式包括购买、使用商品和接受服务；④消费者是指个人。

（二）消费者权益保护法的适用范围

消费者权益保护法的适用范围是：①消费者为生活消费需要购买、使用商品或者接受服务，其权益受该法保护；②经营者为消费者提供其生产、销售的商品或者提供服务，应当遵守该法；③农民购买、使用直接用于农业生产的生产资料，参照消费者权益保护法执行。

二、消费者的权利

消费者的权利是指法律所规定的、消费者在消费领域中所享有的权利。

（一）安全保障权

安全保障权是消费者最重要、最基本的权利。安全保障权是指消费者购买、使用商品和接受服务时，享有人身、财产安全不受损害的权利。由于消费者取得产品和服务是用于生活消费，所以产品和服务必须绝对安全、可靠，必须绝对保证产品和服务不会损害消费者的生活与健康。消费者依法有权要求经营者在提供商品或服务时，必须满足保障人身、财产安全的基本要求。安全保障权包括人身安全权和财产安全权两项内容。

（二）知悉真情权

知悉真情权又称知情权，是指消费者享有知悉其购买、使用商品或者接受服务的真实情况的权利。知情权是消费者正确选择商品或服务以及正确加以使用的前提。消费者有权根据商品或者服务的不同情况，要求经营者提供商品的价格、产地、生产者、用途、性能、规格、等级、主要成分、生产日期、有效期限、检验合格证明、使用方法说明书、售后服务，或者服务的内容、规格、费用等有关情况。

（三）自主选择权

自主选择权是指消费者享有的自主选择商品或者服务的权利。消费者有权自主选择提供商品或者服务的经营者，自主选择商品品种或者服务方式，自主决定购买或者不购买任何一种商品、接受或者不接受任何一项服务。消费者在自主选择商品或者服务时，有权进行比较、鉴别和挑选。

（四）公平交易权

公平交易权是指消费者在与经营者的交易中享有获得公平待遇的权利。消费者享有公平交易的权利。消费者在购买商品或者接受服务时，有权获得质量保障、价格合理、计量正确等公平交易条件，有权拒绝经营者的强制交易行为。

（五）依法求偿权

依法求偿权即损害赔偿权，是指消费者在因购买、使用商品或者接受服务受到人身、财产损害时，依法享有的要求获得赔偿的权利。有权获得赔偿的主体，除了商品的购买者、使用者、接受服务者，还包括受损害的第三人。第三人是除商品的购买者、使用者和服务的接受者之外的，因为偶然原因而在事故现场受到损害的其他人。

（六）依法结社权

依法结社权是指消费者享有的依法成立或参加维护自身合法权益的社会组织的权利。目前我国的消费者社会团体主要是消费者协会和其他消费者组织。

（七）获得知识权

获得知识权也称受教育权，是指消费者享有的获得有关消费和消费者权益保护方面的知识的权利。消费者应当努力掌握所需商品或者服务的知识和使用技能，正确使用商品，增强自我保护意识。

（八）受尊重和个人信息受保护权

消费者在购买、使用商品和接受服务时，享有人格尊严、民族风俗习惯得到尊重的权利，享有个人信息依法得到保护的权利。

（九）监督批评权

监督批评权是指消费者享有对商品和服务以及保护消费者权益工作进行监督的权利。消费者有权检举、控告侵害消费者权益的行为和国家机关及其工作人员在保护消费者权益工作中的违法失职行为，有权对保护消费者权益工作提出批评、建议。

三、消费者权益的保护

（一）国家对消费者合法权益的保护

国家在保护消费者合法权益过程中的职责如下。

(1) 国家制定有关消费者权益的法律法规、规章和强制性标准，应当听取消费者和消费者协会等组织的意见。

(2) 各级人民政府应当加强领导，组织、协调、督促有关行政部门做好保护消费者合法权益的工作，落实保护消费者合法权益的职责。各级人民政府应当加强监督，预防危害消费者人身、财产安全行为的发生，及时制止危害消费者人身、财产安全的行为。

（3）各级人民政府工商行政管理部门和其他有关行政部门应当依照法律法规的规定，在各自的职责范围内，采取措施保护消费者的合法权益。有关行政部门应当听取消费者和消费者协会等组织对经营者交易行为、商品和服务质量问题的意见，及时调查处理。

（4）有关行政部门在各自的职责范围内，应当定期或者不定期对经营者提供的商品和服务进行抽查检验，并及时向社会公布抽查检验结果。有关行政部门发现并认定经营者提供的商品或者服务存在缺陷，有危及人身、财产安全危险的，应当立即责令经营者采取停止销售、警示、召回、无害化处理、销毁、停止生产或者服务等措施。

（5）有关国家机关应当依照法律法规的规定，惩处经营者在提供商品和服务中侵害消费者合法权益的违法犯罪行为。

（6）人民法院应当采取措施方便消费者提起诉讼。对符合起诉条件的消费者权益争议，必须受理，及时审理。

（二）消费者组织

1. 消费者组织的性质

消费者协会和其他消费者组织是依法成立的对商品和服务进行社会监督的保护消费者合法权益的社会组织。消费者组织在保护消费者合法权益过程中发挥着重要的作用。

2. 消费者协会的公益性职责

消费者协会的公益性职责包括：①向消费者提供消费信息和咨询服务，提高消费者维护自身合法权益的能力，引导文明、健康、节约资源和保护环境的消费方式；②参与制定有关消费者权益的法律法规、规章和强制性标准；③参与有关行政部门对商品和服务的监督、检查；④就有关消费者合法权益的问题，向有关部门反映、查询，提出建议；⑤受理消费者的投诉，并对投诉事项进行调查、调解；⑥投诉事项涉及商品和服务质量问题的，可以委托具备资格的鉴定人鉴定，鉴定人应当告知鉴定意见；⑦就损害消费者合法权益的行为，支持受损害的消费者提起诉讼或者依照本法提起诉讼：⑧对损害消费者合法权益的行为，通过大众传播媒介予以揭露、批评。

3. 消费者组织的经费保障及工作

各级人民政府对消费者协会履行职责应当予以必要的经费等支持。消费者协会应当认真履行保护消费者合法权益的职责，听取消费者的意见和建议，接受社会监督。依法成立的其他消费者组织依照法律法规及其章程的规定，开展保护消费者合法权益的活动。消费者组织不得从事商品经营和营利性服务，不得以收取费用或者其他牟取利益的方式向消费者推荐商品和服务。

（三）消费争议的解决

1. 消费争议的解决途径

消费者和经营者发生消费者权益争议的，可以通过下列途径解决：①与经营者协商和解；②请求消费者协会或者依法成立的其他调解组织调解；③向有关行政部门投诉；④根据与经营者达成的仲裁协议提请仲裁机构仲裁；⑤向人民法院提起诉讼。

2. 消费争议的求偿主体及赔偿主体

为保证在发生消费争议时，能够准确确定责任承担者，我国《消费者权益保护法》就求偿主体以及最终赔偿主体的确定，作出如下规定：

（1）消费者在购买、使用商品时，其合法权益受到损害的，可以向销售者要求赔偿。销售者赔偿后，属于生产者的责任或者属于向销售者提供商品的其他销售者的责任的，销售者有权向生产者或者其他销售者追偿。

消费者或者其他受害人因商品缺陷造成人身、财产损害的，可以向销售者要求赔偿，也可以向生产者要求赔偿。属于生产者责任的，销售者赔偿后，有权向生产者追偿。属于销售者责任的，生产者赔偿后，有权向销售者追偿。消费者在接受服务时，其合法权益受到损害的，可以向服务者要求赔偿。

（2）消费者在购买、使用商品或者接受服务时，其合法权益受到损害，因原企业分立、合并的，可以向变更后承受其权利和义务的企业要求赔偿。

（3）使用他人营业执照的违法经营者提供商品或者服务，损害消费者合法权益的，消费者可以向其要求赔偿，也可以向营业执照的持有人要求赔偿。

（4）消费者在展销会、租赁柜台购买商品或者接受服务，其合法权益受到损害的，可以向销售者或者服务者要求赔偿。展销会结束或者柜台租赁期满后，也可以向展销会的举办者、柜台的出租者要求赔偿。展销会的举办者、柜台的出租者赔偿后，有权向销售者或者服务者追偿。

（5）消费者通过网络交易平台购买商品或者接受服务，其合法权益受到损害的，可以向销售者或者服务者要求赔偿。网络交易平台提供者不能提供销售者或者服务者的真实名称、地址和有效联系方式的，消费者也可以向网络交易平台提供者要求赔偿；网络交易平台提供者做出更有利于消费者的承诺的，应当履行承诺。网络交易平台提供者赔偿后，有权向销售者或者服务者追偿。

网络交易平台提供者明知或者应知销售者或者服务者利用其平台侵害消费者的合法权益，未采取必要措施的，依法与该销售者或者服务者承担连带责任。

（6）消费者因经营者利用虚假广告或者其他虚假宣传方式提供商品或者服务，其合法权益受到损害的，可以向经营者要求赔偿。广告经营者、发布者发布虚假广告的，消费者可以请求行政主管部门予以惩处。广告经营者、发布者不能提供经营者的真实名称、地址和有效联系方式的，应当承担赔偿责任。广告经营者、发布者设计、制作、发布关系消费者生命健康商品或者服务的虚假广告，造成消费者损害的，应当与提供该商品或者服务的经营者承担连带责任。社会团体或者其他组织、个人在关系消费者生命健康商品或者服务的虚假广告或者其他虚假宣传中向消费者推荐商品或者服务，造成消费者损害的，应当与提供该商品或者服务的经营者承担连带责任。

对侵害众多消费者合法权益的行为，中国消费者协会以及在省、自治区、直辖市设立的消费者协会，可以向人民法院提起消费公益诉讼。

四、法律责任

（一）民事责任

1. 承担民事责任的概括性规定

经营者提供商品或者服务有下列情形之一的，除《消费者权益保护法》另有规定外，应当依照其他有关法律法规的规定，承担民事责任：①商品或者服务存在缺陷的；②不具备商品应当具备的使用性能而出售时未作说明的；③不符合在商品或者其包装上注明采用的商品标准的；④不符合商品说明、实物样品等方式表明的质量状况的；⑤生产国家明令淘汰的商品或者销售失效、变质的商品的：⑥销售的商品数量不足的；⑦服务的内容和费用违反约定的；⑧对消费者提出的修理、重作、更换、退货、补足商品数量、退还货款和服务费用或者赔偿损失的要求，故意拖延或者无理拒绝的；⑨法律法规规定的其他损害消费者权益的情形。

2. 关于侵犯人身权的民事责任

（1）经营者提供商品或者服务，造成消费者或者其他受害人人身伤害的，应当赔偿医疗费、护理费、交通费等为治疗和康复支出的合理费用，以及因误工减少的收入。造成残疾的，还应当赔偿残疾者生活自助消费和残疾赔偿金；造成死亡的，还应当赔偿丧葬费和死亡赔偿金。

（2）经营者侵害消费者的人格尊严、侵犯消费者人身自由或者侵害消费者个人信息依法得到保护的权利的，应当停止侵害、恢复名誉、消除影响、赔礼道歉，并赔偿损失。

（3）经营者有侮辱诽谤、搜查身体、侵犯人身自由等侵害消费者或者其他受害人人身权益的行为，造成严重精神损害的，受害人可以要求精神损害赔偿。

3. 关于侵犯财产权的民事责任

（1）经营者提供商品或者服务，造成消费者财产损害的，应当依照法律规定或者当事人约定承担修理、重作、更换、退货、补足商品数量、退还货款和服务费用或者赔偿损失等民事责任。

（2）经营者以预收款方式提供商品或者服务的，应当按照约定提供。未按照约定提供的，应当按照消费者的要求履行约定或者退回预付款，并应当承担预付款的利息、消费者必须支付的合理费用。

（3）依法经有关行政部门认定为不合格的商品，消费者要求退货的，经营者应当负责退货。

（4）经营者提供商品或者服务有欺诈行为的，应当按照消费者的要求增加赔偿其受到的损失，增加赔偿的金额为消费者购买商品的价款或者接受服务的费用的3倍；增加赔偿的金额不足500元的，为500元。

法律另有规定的，依照其规定。

经营者明知商品或者服务存在缺陷，仍然向消费者提供，造成消费者或者其他受害人死亡或者健康严重损害的，受害人有权要求经营者依照《消费者权益保护法》的规定赔偿损失，并有权要求所受损失2倍以上的惩罚性赔偿。

（二）行政责任

经营者有下列情形之一，除承担相应的民事责任外，其他有关法律法规对处罚机关和处罚方式有规定的，依照法律法规的规定执行；法律法规未作规定的，由工商行政管理部门或者其他有关行政部门责令改正，可以根据情节单处或者并处警告、没收违法所得、处以违法所得 1 倍以上 10 倍以下的罚款，没有违法所得的，处以 50 万元以下的罚款；情节严重的，责令停业整顿、吊销营业执照：①提供的商品或者服务不符合保障人身、财产安全要求的；②在商品中掺杂、掺假，以假充真、以次充好，或者以不合格商品冒充合格商品的；③生产国家明令淘汰的商品或者销售失效、变质的商品的；④伪造商品的产地，伪造或者冒用他人的厂名、厂址，篡改生产日期，伪造或者冒用认证标志等质量标志的；⑤销售的商品应当检验、检疫而未检验、检疫或者伪造检验、检疫结果的；⑥对商品或者服务作虚假或者引人误解的宣传的；⑦拒绝或者拖延有关行政部门责令对缺陷商品或者服务采取停止销售、警示、召回、无害化处理、销毁、停止生产或者服务等措施的；⑧对消费者提出的修理、重作、更换、退货、补足商品数量、退还货款和服务费用或者赔偿损失的要求，故意拖延或者无理拒绝的；⑨侵害消费者人格尊严、侵犯消费者人身自由或者侵害消费者个人信息依法得到保护的权利的；⑩法律法规规定的对损害消费者权益应当予以处罚的其他情形。

经营者有上述规定情形的，除依照法律法规规定予以处罚外，处罚机关应当记入信用档案，向社会公布。经营者对行政处罚决定不服的，可以依法申请行政复议或者提起行政诉讼。

（三）刑事责任

经营者违反《消费者权益保护法》的规定提供商品或者服务，侵害消费者合法权益，构成犯罪的，依法追究刑事责任。以暴力、威胁等方法阻碍有关行政部门工作人员依法执行职务的，依法追究刑事责任；拒绝、阻碍有关行政部门工作人员依法执行职务，未使用暴力、威胁方法的，由公安机关依照《中华人民共和国治安管理处罚法》的规定处罚。国家机关工作人员玩忽职守或者包庇经营者侵害消费者合法权益的行为的，由其所在单位或者上级机关给予行政处分；情节严重，构成犯罪的，依法追究刑事责任。

第三节　竞争法

一、竞争及竞争法立法模式

（一）竞争的含义与特征

竞争是指两个以上主体为各自利益而互相争胜的活动。竞争法上所讲的竞争即市场竞争，是商品经营者为实现商品价值，满足经济利益，相互之间展开的竞相争胜、优胜劣汰的活动。竞争是商品经济的产物，具有下列特征：①竞争发生在两个以上商品经营者之间。如果在某个特定的市场里只有一个商品经营者，就不会发生竞争。②竞争一般发生在同行业的商品经营活动中。不同行业之间，会发生资本平均利润率的竞争，而导致资金流向高利润的行业。只有同行业之间的竞争，才是市场意义上的竞争。而且只有涉及商品经营内容的竞争才是市场竞争。③竞争应该发生在同一个特定的市场上。这包括两层含义：一是竞争发生在同一个行业市场上；二是竞争发生在同一个行业的地域市场上。

（二）竞争法立法模式

根据是将反垄断法与反不正当竞争法合并立法，还是分别立法，可将世界各国和地区的竞争立法分为三类：合立式、分立式和综合式。

1. 合立式

所谓合立式，即制定一部统一的竞争法典，将反垄断和反不正当竞争合并立法，制定统一的反不正当竞争法。

2. 分立式

所谓分立式，即就垄断和不正当竞争行为分别立法，其中规制垄断的法律为反垄断法，而规制不正当竞争的法律为反不正当竞争法。

3. 综合式

所谓综合式，即对垄断与不正当竞争在法律上不作明确划分，制定以“竞争”或“交易”等直接命名的法律，但法律的实质内容却是调整竞争关系和竞争管理关系，其中规定反不正当竞争的内容。

我国于1993年颁布实行《反不正当竞争法》中有条款涉及行政垄断问题，但总的来讲，其主要内容是针对狭义不正当竞争行为的。同时，由于2007年《中华人民共和国反垄断法》的颁布，我国的反不正当竞争立法体例应该说是分立模式。

二、反不正当竞争法

（一）反不正当竞争法基本理论

反不正当竞争法是调整国家在反对不正当竞争，维护公平、自由和有效竞争，保护其他经营者和消费者合法权益活动中所产生的社会关系的法律规范的总称。

反不正当竞争法的调整对象就是在反对市场经济不正当竞争中所发生的各种社会关系。一是不正当竞争者相互之间的关系；二是不正当竞争者与正当竞争者之间的关系；三是不正当竞争者与消费者之间的关系；四是不正当竞争者与反不正当竞争者之间的关系。

总之，反不正当竞争法就是调整上述社会关系的法律规范的总称。

在表现形式上，我国的反不正当竞争法有广义和狭义之分。狭义的反不正当竞争法是指全国人大常委会通过的《反不正当竞争法》。广义的反不正当竞争法除《反不正当竞争法》外，还包括国家有关法律、行政法规、司法解释和规章中关于反不正当竞争的法律规范。

我国第一部统一的竞争法律是1993年9月2日通过并于12月1日开始实施的《反不正当竞争法》。2017年11月4日第十二届全国人民代表大会常务委员会第三十次会议通过修订《反不正当竞争法》的决定，2018年1月1日正式生效。

（二）不正当竞争行为的表现形式

1. 混淆行为

经营者不得实施下列混淆行为，引人误认为是他人商品或者与他人存在特定关系。

（1）擅自使用与他人有一定影响的商品名称、包装、装潢等相同或者近似的标识经营者擅自使用有一定影响的商品特有的名称、包装装潢或者使用与该商品近似的名称、包装、装潢，造成和他人有一定影响的商品相混淆，使购买者误认为是该商品。有一定影响的商品的名称、包装、装潢可能并未注册商标或采取其他知识产权保护措施，但对这些反映经营者商业信誉和商品声誉的标志的仿冒属于破坏竞争秩序的不正当竞争行为。

（2）擅自使用他人有一定影响的企业名称（包括简称、字号等）、社会组织名称（包括简称等）、姓名（包括笔名、艺名、译名等）。企业的名称不仅具有唯一性，且为企业所独有，与企业不可分离。企业对其名称享有专用权其他任何人不得侵犯。至于姓名，这里有特定的含义，一般是指从事经营的个体经营者在经营中所使用的与其经营相联系的姓名。企业名称或者姓名显示经营者或服务活动的外在特征，体现了商业信誉和商品声誉。

构成擅自使用他人有一定影响的企业名称或姓名的行为的基本要件是：第一，故意并未经名称或姓名专有权人的许可，擅自使用；第二，被仿冒的企业名称或姓名一般都具有良好的信誉声誉；第三，此类仿冒行为的目的是引人误认、误购。《反不正当竞争法》规定，仿冒他人的企业名称或姓名，给被侵害的经营者造成损害的，应当承担损害赔偿责任。

（3）擅自使用他人有一定影响的域名主体部分、网站名称、网页等。该规定采取了列举性规定，“等”字概括规定应作出与列举事项相一致的类似解释，即不属于域名主体部分、网页和网站名称的范围，但仍属于类似的互联网领域的特殊商业标识。本项首先明确列举了“网站名称”和“网页”，各种独立网站，包括在各种电商平台上开设的网店都可划到本项名下，各种微博号、微信号名称，以及各种应用程序的名称都可归入本类规范之列。《最高人民法院关于审理涉及计算机网络域名民事纠纷案件适用法律若干问题的解释》第四条规定：“人民法院审理域名纠纷案件，对符合以下各项条件的，应当认定被告注册、使用域名等行为构成侵权或者不正当竞争：①原告请求保护的民事权益合法有效；②被告域名或其主要部分构成对原告驰名商标的复制、模仿、翻译或音译；或者与原告的注册商标、域名等相同或近似，足以造成相关公众的误认；③被告对该域名或其主要部分不享有权益，也无注册、使用该域名的正当理由；④被告对该域名的注册、使用具有恶意。”新法吸收了上述司法解释的部分内容，并予以概括规定。

（4）其他足以引人误认为是他人商品或者与他人存在特定关系的混淆行为。这是指在商品上伪造或冒用认证标志、名优标志等质量标志，伪造产地，对商品质量作引人误解的虚假表示。产品的质量标志是产品质量信誉的集中体现，这些标志主要有认证标志、名优标志、等级标志等。一些经营者在竞争中伪造或者冒充质量标志，以此争取交易机会并谋取高额经济利益，从而损害了竞争秩序。至于商品的产地，往往与商品的信誉有机地联系在一起，从而也具有相当的商业价值，他人伪造产地，会给真正拥有该产地的同类产品造成损害，并损害消费者的利益，故也是一种典型的不正当竞争行为。这类不正当竞争行为并不侵犯特定经营者的知识产权，它或者虚构事实，或者隐瞒事实真相，对商品的质量、信誉作引人误解的虚假表示，以进行欺诈性交易。

2. 商业贿赂行为

经营者不得采用财物或者其他手段贿赂下列单位或者个人，以谋取交易机会或者竞争优势。包括：交易相对方的工作人员；受交易相对方委托办理相关事务的单位或者个人；利用职权或者影响力影响交易的单位或者个人。经营者的工作人员进行贿赂的，应当认定为经营者的行为；但是，经营者有证据证明该工作人员的行为与为经营者谋取交易机会或者竞争优势无关的除外。

商业贿赂行为的构成要素包括：①商业贿赂的行贿主体是经营者，受贿主体为作为交易相对人的经营者或其他对交易具有影响力的有关人员；②主观上，行贿者的目的是借用商业贿赂手段促成交易或在交易中排挤同业竞争者，取得竞争优势；③商业贿赂是以不正当方式进行的行为；④商业贿赂行为具有违法性。

3. 虚假宣传行为

虚假宣传行为是指经营者利用广告或者其他的方式，对商品的质量、性能、用途、特点、价格、使用方法等作引人误解的虚假表示，诱发消费者产生误购的行为。在反不正当竞争法上，虚假宣传行为与误导行为往往是画等号的，都是不正当竞争行为。虚假宣传行为是一种危害严重的行为，也是在市场中发生量很大的行为。因此我国《反不正当竞争法》规定："经营者不得利用广告或者其他方法，对商品的质量，制作成分、性质、用途、生产者、有效期限、产地等作引人误解的虚假宣传。广告的经营者不得在明知或者应知的情况下，代理、设计、制作、发布虚假广告。"

4. 侵犯商业秘密的行为

商业秘密是指不为公众所知悉、具有商业价值并经权利人采取相应保密措施的技术信息和经营信息。商业秘密的特性是：第一，商业性，表现为它具有实用价值并能够为权利人带来经济利益；第二，秘密性，表现为它不为社会公众所知悉，并且权利人还采取了保密措施来维持这种秘密性。

侵犯商业秘密是指经营者采用非法手段获取、披露或使用他人商业秘密的行为。我国在立法中吸收了世界各地的经验，对侵犯商业秘密的行为以列举的方式作了具体的规定。

（1）以不正当手段获取他人商业秘密。获取他人商业秘密的不正当手段是指一切违反诚实信用、公平竞争原则，直接从权利人处获取商业秘密的行为。事实上，不正当手段是不可能列举穷尽的，因此，在具体的案件审理中，还需对个案进行分析，只要侵权人不是以正当手段获得，就可以认定为是以不正当手段获得。《反不正当竞争法》对“不正当手段”具体规定为：“以盗窃、利诱、胁迫或者其他不正当手段获取权利人的商业秘密”的行为。

（2）恶意披露、使用或允许他人使用以违法手段获得的商业秘密这是行为人侵犯他人商业秘密的继续。非法获取他人商业秘密的行为人将其所获取的商业秘密转告第三人或利用各种方式将其泄露或自己使用或允许他人使用该商业秘密，都会使权利人受到的损害进一步扩大。我国《反不正当竞争法》第九条对此明确规定，“披露使用或者允许他人使用以前项手段获取的权利人的商业秘密”，是侵犯商业秘密的行为。“前项手段”是指以盗窃、贿赂、欺诈、胁迫或者其他不正当手段获取权利人的商业秘密的行为。

（3）违反约定或者违反权利人的要求披露、使用或允许他人使用商业秘密的行为。行为人可以通过正当手段获得商业秘密，如通过合作合同等。此时，行为人对商业秘密的权利人即负有相应的保密、不得擅自使用等义务，这些义务可以是明示的，也可以是默示的。行为人如果违反这些义务，擅自披露、使用或者允许他人使用该商业秘密，就应当被认定为不正当竞争行为。我国《反不正当竞争法》规定，禁止“违反约定或者违反权利人有关保守商业秘密的要求，披露、使用或者允许他人使用其所掌握的商业秘密”的行为。

（4）第三人侵犯商业秘密的行为。我国《反不正当竞争法》将其称为“视为侵犯商业秘密的行为”，它是指第三人明知或者应知商业秘密权利人的员工、前员工或者其他单位、个人实施前款所列违法行为，仍获取、披露使用或者允许他人使用该商业秘密的，视为侵犯商业秘密。

5. 不正当有奖销售行为

有奖销售是经营者的一种促销手段，是经营者以提供物品、金钱或其他条件作为奖励，刺激消费者购买商品或接受服务的行为。世界各国对有奖销售都有立法加以规范和严格限制，规定这些以奖励、让利为特征的促销手段的实施，不得有碍于公正而自由的竞争，其方法必须是正当的、诚实的，否则即构成不正当有奖销售行为。国家市场监督管理总局《关于禁止有奖销售活动中不正当竞争行为的若干规定》第二条对有奖销售下了定义：“本规定所称有奖销售，是指经营者销售商品或者提供服务时，附带性地向购买者提供物品、金钱或者其他经济上的利益的行为。包括：奖励所有购买者的附赠式有奖销售和奖励部分购买者的抽奖式有奖销售。”

不当有奖销售具有以下特征。第一，主体一般是出售或提供服务的卖方。不当有奖销售发生于销售环节，一般是由推销商品或服务的经营者组织和实施，故其主体一般均为卖方。第二，发生于有奖销售的过程中。只有在实施有奖销售的场合，才会有不当有奖销售可言。第三，采用了不合法的奖励方法或奖励幅度。不当有奖销售采用的方法主要表现为有奖欺骗、人为控制奖励进程、借有奖销售推销质次价高的产品，不当巨额有奖销售等。第四，行为人主观上存在故意。有奖销售是种有计划、有步骤实施的行为，因此，从事不当有奖销售的行为人主观上存在故意，目的是以不正当的手段促进销售，并以此获得竞争利益。

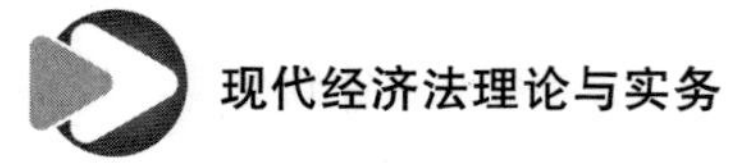

6. 商业诋毁行为

商业诋毁行为是指经营者通过捏造、散布虚假事实等不正当手段，损害竞争对手的商业信誉和商品声誉，削弱对手竞争能力的行为。商业信誉是社会对经营者商业道德，商品品质、价格、服务等方面的积极评价。商品声誉是社会对特定商品品质、性能的赞誉。商品声誉给经营者带来商业信誉，商业信誉促进商品声誉，它们是一种互动的关系。它们为经营者带来巨大的经济效益以及市场竞争中的优势地位。

7. 互联网领域不正当竞争

经营者利用网络从事生产经营活动，应当遵守本法的各项规定。经营者不得利用技术手段，通过影响用户选择或者其他方式，实施下列妨碍、破坏其他经营者合法提供的网络产品或者服务正常运行的行为，包括：未经其他经营者同意，在其合法提供的网络产品或者服务中，插入链接、强制进行目标跳转；误导、欺骗、强迫用户修改、关闭、卸载其他经营者合法提供的网络产品或者服务；恶意对其他经营者合法提供的网络产品或者服务实施不兼容；其他妨碍、破坏其他经营者合法提供的网络产品或者服务正常运行的行为。

（三）对不正当竞争行为的监督检查

根据《反不正当竞争法》第十三条的规定，监督检查部门在监督检查不正当竞争行为时，有权行使下列职权。

1. 检查权和调查权

按照规定程序进入涉嫌不正当竞争行为的经营场所进行检查，并询问被检查的经营者、利害关系人、证明人，并要求提供证明材料或者与不正当竞争行为有关的其他材料；查询、复制与不正当竞争行为有关的协议、账册、单据、文件、记录、业务函电和其他材料；检查与《反不正当竞争法》限定的不正当竞争行为有关的财物。

2. 强制措施权

强制措施权包括：责令被检查的经营者说明商品的来源和数量；暂停销售，听候检查；不得转移、隐匿、销毁与不正当竞争行为有关的财物。经有关机关批准可以查封，扣押与涉嫌不正当竞争行为有关的财物；查询涉嫌不正当竞争行为的经营者的银行账户。采取前款规定的措施，应当向监督检查部门主要负责人书面报告，并经批准。采取前款规定的措施，应当向设区的市级以上人民政府监督检查部门主要负责人书面报告，并经批准。

3. 行政处罚权与行政公开

行政处罚权具体包括：责令停止违法行为、罚款、没收违法所得、吊销营业执照、责令消除影响等。另外，监督检查部门的工作人员在监督检查不正当竞争行为时，应当出示检查证件。监督检查部门调查涉嫌不正当竞争行为，应当遵守《中华人民共和国行政强制法》和其他有关法律、行政法规的规定，并应当将查处结果及时向社会公开。

三、反垄断法

（一）垄断的概念和特征

垄断是指经营者以独占或有组织的联合行动等方式，凭借经济优势或行政权力，操纵或支配市场，限制或排斥竞争的行为。

垄断具有以下几个特征。

（1）形成垄断的主要方式是独占或有组织的联合行动。

（2）垄断者之所以能形成垄断势力凭借的是经济优势或行政权力。

（3）垄断限制和排斥了竞争。

（二）我国反垄断法规制的垄断行为

1. 垄断协议

垄断协议也称限制竞争协议、联合限制竞争行为，是指两个或者两

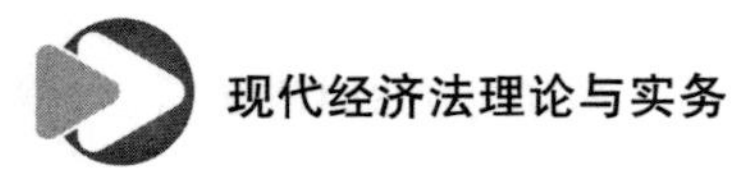

个以上经营者排除、限制竞争的协议、决定或者其他协同行为。

根据参与垄断协议的经营者之间是否具有竞争关系，可以将垄断协议分为横向垄断协议和纵向垄断协议。

（1）横向垄断协议。横向垄断协议是指在生产或者销售过程中处于同一阶段的经营者之间（如生产商之间、批发商之间、零售商之间等）达成的协议。《中华人民共和国反垄断法》（以下简称《反垄断法》）禁止以下几种横向垄断协议：①固定或者变更商品价格；②限制商品的生产数量或者销售数量；③分割销售市场或者原材料采购市场；④限制购买新技术、新设备或者开发新技术，新产品；⑤联合抵制交易；⑥国务院反垄断执法机构认定的其他垄断协议。

（2）纵向垄断协议。纵向垄断协议是指在生产或是销售的过程中处于不同阶段的经营者之间（如生产商与批发商之间、批发商与零售商之间）达成的协议。《反垄断法》禁止经营者与交易相对人达成下列纵向垄断协议：①固定向第三人转售商品的价格；②限定向第三人转售商品的最低价格；③国务院反垄断执法机构认定的其他垄断协议。

经营者能够证明所达成的协议属于下列情形之一的，不适用《反垄断法》对垄断协议禁止的规定：①为改进技术、研究开发新产品；②为提高产品质量、降低成本、增进效率，统一产品规格、标准或者实行专业化分工的；③为提高中小经营者经营效率，增强中小经营者竞争力的；④为实现节约能源、保护环境、救灾救助等社会公共利益的；⑤因经济不景气，为缓解销售量下降或者生产明显过剩的；⑥为保障对外贸易和对外经济合作中的正当利益的；⑦法律和国务院规定的其他情形。《反垄断法》规定，经营者承担垄断协议豁免的举证责任，即经营者应当证明所达成的协议不会严重地限制相关市场的竞争，并且能够使消费者分享由此产生的利益。

2. 滥用市场支配地位

反垄断法所称市场支配地位是指经营者在相关市场内具有能够影响

控制商品价格、数量或者其他交易条件，或者能够阻碍、影响其他经营者进入相关市场能力的市场地位。滥用市场支配地位行为是指具有市场支配地位的经营者凭借其市场支配地位实施的排挤竞争对手或不公平交易行为。

根据《反垄断法》的规定，该法禁止的滥用市场支配地位行为主要包括：①以不公平的高价销售商品或者以不公平的低价购买商品；②没有正当的理由，以低于成本的价格销售商品；③没有正当的理由，拒绝与交易相对人进行交易；④没有正当的理由，限定交易相对人只能与其进行交易或者只能与其指定的经营者进行交易；⑤没有正当的理由搭售商品，或者在交易时附加其他不合理的交易条件；⑥没有正当的理由，对条件相同的交易相对人在交易价格等交易条件上实施差别待遇；⑦国务院反垄断执法机构认定的其他滥用市场支配地位的行为。

3. 经营者集中

经营者集中是指经营者之间通过合并、取得股份或者资产、委托经营或者联营以及人事兼任等方式形成的控制与被控制状态。通过经营者集中，可能导致的最直接后果就是同一竞争领域的经营者数量减少，竞争度降低。

我国《反垄断法》规定的经营者集中的表现形式指下列情形：①经营者合并；②经营者通过取得股权或者资产的方式取得对其他经营者的控制权；③经营者通过合同等方式取得其他经营者的控制或者能够对其他经营者施加决定性的影响。

经营者集中达到国务院规定的申报标准的，经营者应当事先向国务院反垄断法执法机构申报，未申报的不得实施集中。经营者集中的申报标准是参与集中的经营者作为是否申报并接受反垄断审查的法律依据。我国《反垄断法》没有明确规定经营者集中的申报标准，而是授权国务院对经营者集中的申报标准做出规定。

经营者集中有下列情形之一的，可以不向国务院反垄断执法机构申报：①参与集中的一个经营者拥有其他每个经营者50%以上的表决权的股份或资产的；②参与集中的经营者50%以上有表决权的股份或者资产被同一个参与集中的经营者拥有的。

4. 滥用行政权力排除、限制竞争

滥用行政权力排除、限制竞争即通常所说的“行政性垄断”，是指行政机关和法律法规授权的具有管理公共事务职能的组织滥用行政权力，排除、限制竞争的行为。

滥用行政权力排除、限制竞争有以下几种。

(1) 强制交易。强制交易是指行政机关和法律法规授权的具有管理公共事务职能的组织滥用行政权力，限定或者变相限定单位或者个人经营、购买、使用其指定的经营者提供的商品的行为。

(2) 地区封锁。行政机关和法律法规授权的具有管理公共事务职能的组织，不得滥用行政权力实施下列行为，妨碍商品在地区之间的自由流通：①对外地商品设定歧视性收费项目、实行歧视性收费标准，或者规定歧视性价格；②对外地商品规定与本地同类商品不同的技术要求、检验标准，或者对外地商品采取重复检验、重复认证等歧视性技术措施，限制外地商品进入本地市场；③采取专门针对外地商品的行政许可，限制外地商品进入本地市场；④设置关卡或者采取其他手段，阻碍外地商品进入或者本地商品运出；⑤妨碍商品在地区之间自由流通的其他行为。

(3) 排斥或者限制外地经营者参加本地的招标和投标活动。行政机关和法律法规授权的具有管理公共事务职能的组织不得滥用行政权力，以设定歧视性资质要求、评审标准或者不依法发布信息等方式，排斥或者限制外地经营者参加本地的招标和投标活动。

(4) 排斥或者限制外地经营者在本地投资或者设立分支机构。行政机关和法律法规授权的具有管理公共事务职能的组织不得滥用行政权力，采取与本地经营者不平等待遇等方式，排斥或者限制外地经营者在本地投资或者设立分支机构。

（5）强制从事垄断行为。行政机关和法律法规授权的具有管理公共事务职能的组织不得滥用行政权力，强制经营者从事《反垄断法》规定的垄断行为。

（6）抽象行政性垄断行为。行政机关不得滥用行政权力，制定含有排除、限制竞争内容的规定。

（三）违反《反垄断法》的法律责任

违反《反垄断法》的法律责任包括：

（1）经营者违反《反垄断法》的规定，达成并实施垄断协议的，由反垄断执法机构责令停止违法行为，没收违法所得，并处上一年度销售额1%以上10%以下的罚款；尚未实施所达成的垄断协议的处50万元以下的罚款。经营者主动向反垄断执法机构报告达成垄断协议的有关情况并提供重要证据的，反垄断执法机构可以酌情减轻或者免除对该经营者的处罚。行业协会违反《反垄断法》的规定，组织本行业的经营者达成垄断协议的，反垄断执法机构可以处50万元以下的罚款；情节严重的，社会团体登记管理机关可以依法撤销登记。

（2）经营者违反《反垄断法》的规定，滥用市场支配地位的，由反垄断执法机构责令停止违法行为，没收违法所得，并处上一年度销售额1%以上10%以下罚款。

（3）经营者违反《反垄断法》规定实施集中的，由国务院反垄断执法机构责令停止实施集中、限期处分股份或者资产、限期转让营业及采取其他必要措施恢复到集中前状态，可以处50万元以下的罚款。

经营者实施上述三种垄断行为，给他人造成损失的，依法承担民事责任。

（4）行政机关和法律法规授权的具有管理公共事务职能的组织滥用行政权力，实施排除、限制竞争行为的，由上级机关责令改正；对直接负责的主管人员和其他直接责任人员依法给予处分。反垄断执法机构可以向有关上级机关提出依法处理的建议另有规定的，依照其规定。

（5）对反垄断执法机构依法实施的审查和调查，拒绝提供有关材料、信息，或者提供虚假材料、信息，或者隐匿、销毁、转移证据，或者有其他拒绝、阻碍调查行为的，由反垄断执法机构责令改正，对个人可以处 2 万元以下的罚款，对单位可以处 20 万元以下的罚款；情节严重的，对个人处 2 万元以上 10 万元以下的罚款，对单位处 20 万元以上 100 万元以下的罚款；构成犯罪的，依法追究刑事责任。

（6）反垄断执法机构工作人员滥用职权、玩忽职守、徇私舞弊或者泄露执法过程中知悉的商业秘密构成犯罪的，依法追究刑事责任；尚不构成犯罪的，依法给予处分。

第六章　知识产权法律制度

第一节　知识产权法

一、知识产权概述

（一）知识产权的定义

在我国，知识产权作为一个法律用语，最早出现于1986年颁布的《中华人民共和国民法通则》，该法第五章将“知识产权”“财产所有权和与财产所有权有关的财产权”“债权”“人身权”并列为四大类民事权利。

关于知识产权的定义，目前主要有两种表述方法：列举法和概括法。列举法是通过对知识产权所保护的客体进行列举来确定其内涵；概括法则是通过对客体进行抽象概括来定义知识产权。使用列举方法定义知识产权的典型代表是两个重要的国际公约。

1967年成立《世界知识产权组织公约》（以下简称《WIPO公约》）第二条规定，知识产权包括以下有关项目的权利：有关文学、艺术和科学作品的权利，有关表演艺术家的演出、录音和广播的权利，有关人们在一切领域中的发明权利，有关科学发现的权利，有关工业品外观设计的权利，有关商标、服务标志、厂商名称和标记的权利，有关制止不正当竞争的权利，以及在工业、科学、文学和艺术中一切其他源自智力活动的权利。

世界贸易组织《与贸易有关的知识产权协议》（以下简称《TRIPS协议》）规定知识产权保护的范围包括著作权与邻接权、商标权、地理标记权、工业品外观设计权、专利权，集成电路布图设计权，以及未披露过的信息专有权。

以上两个国际公约对于知识产权范围的界定有所不同，《WIPO公约》的规定更符合学术界的主流观点，而《TRIPS协议》主要是从贸易的角度去界定知识产权的范围，因而仅仅涉及与贸易有关的知识产权。

采用概括法的学者也从不同角度对知识产权进行了说明。刘春田认为“知识产权是智力成果的创造人或工商业标记的所有人依法享有的权利的统称”。郑成思认为“知识产权指的是人们可以就其智力创造的成果所依法享有的专有权利”。这两种定义的主要区别在于商业标记是否属于智力成果，对此问题郑成思教授认为，人们在设计和选择各种商业标记时已经付出了必要的智力劳动，因而商业标记属于智力成果。

基于学术界的不同认识，知识产权的概念有广义与狭义之分。狭义的知识产权主要指著作权（含邻接权）、专利权与商标权。其中的专利权与商标权合称为工业产权。广义的知识产权除了包括著作权、专利权与商标权之外，通常还包括植物新品种权、地理标志权、集成电路布图设计权、商业秘密权以及发现权等。

一般来说，知识产权是指民事主体对某些创造性的智力劳动成果、经营性标记及其他具有商业价值的信息依法在一定的时间、地域内享有的专有性权利，一般包括精神权利和财产权利两方面。具体来说，知识产权具有以下含义：

（1）知识产权的主体首先是从事创造性智力劳动的人，包括自然人、法人和非法人组织，这类主体被称为原始主体；此外，还存在非创造者一定条件下通过转让、继承或继受获得知识产权的情况，这类主体被称为继受主体。

需要注意的是，并非所有的智力成果之上都存在知识产权。事实上，绝大多数的智力成果都处于公有领域中，任何人都可以自由利用，而享有专有权、受到知识产权法保护的只是极少数。因而有学者比喻道："人类的智力活动成果是海洋，而知识产权保护不过是其中的几个孤岛。"

（2）知识产权的客体包括创造性智力成果和经营性标记，主要表现为作品、发明创造、商业标志及其他具有商业价值的信息等。

（3）知识产权的内容体现为对智力成果的直接支配和获取利益的专有权利，即主体对其智力成果可以依法进行归属性控制、使用与处分并获得相应的经济对价。

（二）知识产权的范围

知识产权是对智力创造成果产生的所有权，各国依照法律对符合条件的成果给予相应保护，保护则体现在一定期限内对其所享有的著作权及其邻接权独占权利。根据上述的定义，知识产权一般分为两类：一是著作权，也称为版权或文学产权；二是工业产权，也称为产业产权。两类权利具体细分为著作权、领接权、专利权、商标权以及其他知识产权。

（三）知识产权的客体

知识产权的客体又称为保护对象，是人们在科学、技术、文化等知识形态领域中所创造的精神产品，本质上是具有商业价值的信息，即所谓的知识产品。知识产品是与物质产品（即民法意义上的有体物）相并存的一种民事权利客体。

知识产品主要包括两类：一是创造性智力成果，包括作品及其传播过程中创造出的新的知识产品、发明创造；二是经营性标记。第一类产生于科技文化领域，第二类产生于工商业领域。分述如下。

作品及其传播中的派生成果泛指文学艺术领域中以不同表现形式出现并且具有原创性的智力成果（著作权客体），以及在传播作品过程中产生的与原创作品有关联的各种智力成果（邻接权客体）。作为著作权客体的作品，又可以分为文学作品、艺术作品和科学作品等；作为邻接权客体的知识产品，主要包括版式设计、艺术表演、录音录像制品、广播节目等。

发明创造一般是指在工业、农业、商业等产业领域中根据科学原理作出的各种技术方案，它通常是专利权的客体。不同国家关于受知识产权法保护的发明创造的范围及保护方法的规定不尽相同。《中华人民共和国专利法》（以下简称《专利法》）第二条规定“本法所称的发明创造是指发明、实用新型和外观设计。”

经营性标记一般是指在工业、农业、商业等产业领域中能够标示产品来源和厂家特定人格和商誉的区别标记，包括商标、商号、产地名称等。经营性标记能在多种场合使用，不但可以标注在商品及其包装材料上，还能应用于多种宣传媒介的制作。经营性标记通常是商标权或其他知识产权的客体。

二、知识产权法的概念、体系与作用

（一）知识产权法的概念

知识产权法是指调整民事主体之间因知识产品的产生、归属、利用与保护而产生的社会关系的法律规范的总称。

我国目前没有制定统一的《知识产权法典》，而是以特别法的形式分别制定了《中华人民共和国著作权法》（以下简称《著作权法》）、《中华人民共和国商标法》（以下简称《商标法》）、《中华人民共和国专利法》（以下简称《专利法》）等知识产权的相关法律。

（二）知识产权法的性质

知识产权的私权属性决定了知识产权法的私法性质。知识产权法调整的社会关系具有主体平等性，知识产权的权利内容、权利的转移皆遵循民法的基本规则。虽然知识产权法中也包含了一部分具有公法色彩的法律规范，例如专利与商标的申请、审批等，但是这些规范只是知识产权法中的程序性规范，并非知识产权法的核心部分，因此并不会改变它的私法属性。

（三）知识产权法的作用

人类社会已经进入知识经济时代，在这个全新的时代中，科学技术与文化艺术既是人类智慧的结晶，也是财富的源泉，甚至已经逐渐取代土地和资本成为最重要的生产要素。知识产权法的完善必将对社会经济文化的发展产生极大的积极影响。

1. 有利于实现国家保护知识产权的战略目的

在知识经济时代，保护知识产权已经不仅仅是保障智力成果创造者利益的手段，更成为世界各国维护国家利益的一个战略手段。国家保护知识产权的目的，是充分鼓励人们进行知识产品的生产和创新，增长社会财富，促进科学、文化事业的发展，从而最终提升国家在世界上的竞争力。例如我国已于 2005 年 6 月正式启动了国家知识产权战略制定工作。为了实现这一目的，就必须加强知识产权法的立法和执法工作。

2. 有利于鼓励知识产品的创造

知识产品的生产具有个体性，传播和利用具有公共性。知识产品一旦被创造出来就很容易被复制且同时为多人使用，如果不赋予知识创造者以某种独占权，就难以保证其收回创造成本，这样势必导致社会知识总量的下降。在知识产权出现之前，知识产品常常被他人无偿使用，使得知识创造者无法获取知识的全部或大部分利益，极大地挫伤了创造的积极性。知识产权法以法律的形式要求：知识及与知识有关成果的使用必须得到知识产权所有人的许可，并支付相应的实施费。这就使得创造者的劳动消耗能够通过实施费的形式予以收回，并获得相应收益。知识产权保护制度借助法律的强力，实现了知识创造外部收益的“内部化”，使得知识创造的个人收益与社会收益趋于一致，提高了知识创造的投资积极性。同时，也使知识创造本身成为一种有利可图的职业，从而有效促进了科研专业队伍的形成。

3. 有利于推动智力成果及时、广泛地应用

知识产权制度确立之前，发明创造者往往只能求助于保密措施，通过保密措施来保证对发明创造的垄断使用。技术保密的实施，一方面带来了高昂的保密成本；另一方面也诱致了大量的重复发明，大大延缓了科技成果的推广与应用。知识产权制度确立之后，发明创造者可以通过申请知识产权获得相应的法律保护，实现了保护责任的有效分担和转移。知识产权保护的有效期限，一方面确保了创造者一定时期内的独占权，维护了创造者的创新收益；另一方面通过保护期限届满时独占权的自动终止，使得科技信息向社会迅速公开，加速了科技成果的及时推广与应用。同时，也使得他人可以在已公开的发明创造的基础上进行新的发明创造，避免重复劳动，形成发明创造的累积效应，从而缩短科技进步的周期。

知识产权法律保护制度对于维护知识和信息的流通秩序，营造维护知识创新者利益的氛围，以及推动知识的传播和使用，都发挥了不可替代的作用。在以知识与科技为核心的国际竞争中，知识产权法在协调各方利益、维护国家主权的过程中也发挥了积极有效的保障作用。

第二节　著作权法

一、著作权的客体

著作权的客体是指著作权法保护的对象，即文学、艺术和科学领域

中的作品。作品是指文学、艺术和科学领域内具有独创性并能以某种有形形式复制的智力成果。其构成要件如下。

（1）属于文学、艺术和自然科学、社会科学、工程技术等科学领域中的智力成果。

（2）具有独创性。其含义有两个方面：一是作品系独立创作完成，而非剽窃之作；二是作品必须体现作者的个性特征，属于作者智力劳动创作结果，即具有创作性。独创性存在于作品的表达之中，作品中所包含的思想并不要求必须具有独创性。著作权法保护作品的表达，不保护作品所包含的思想或主题。由不同作者就同一题材创作的作品，只要作品的表达系独立完成并且具有创作性，应当认定作者各自享有独立的著作权。作品的表达是作品形式和作品内容的有机整体。

（3）可复制性，即作品必须可以通过某种有形形式复制，从而被他人所感知。

（一）作品的种类

（1）文字作品。它是指小说诗词、散文、论文等以文字形式表现的作品。

（2）口述作品。它是指即兴的演说、授课、法庭辩论等以口头语言形式表现的作品。

（3）音乐、戏剧、曲艺、舞蹈、杂技艺术作品。音乐作品是指歌曲、交响乐等能够演唱或演奏的带词或者不带词的作品；戏剧作品是指话剧、歌剧、地方戏等供舞台演出的作品；曲艺作品是指相声快板、大鼓、评书等以说唱为主要形式表演的作品；舞蹈作品是指通过连续的动作、姿势、表情等表现思想情感的作品；杂技作品是指杂技、魔术、马戏等通过形体动作和技巧表现的作品。

（4）美术、建筑作品。美术作品是指绘画、书法、雕塑等以线条、色彩或者其他方式构成的有审美意义的平面或立体造型艺术作品；建筑作品是指以建筑物或者构筑物形式表现的有审美意义的作品。

(5) 摄影作品。它是指借助器械在感光材料或者其他介质上记录客观物体形象的艺术作品。

(6) 电影作品和以类似摄制电影的方法创作的作品。它们是指摄制在一定介质上，由一系列有伴音或者无伴音的画面组成，并且借助适当装置放映或者以其他方式传播的作品。

(7) 图形作品和模型作品。图形作品是指为施工、生产绘制的工程设计图、产品设计图，以及反映地理现象、说明事物原理或者结构的地图、示意图等作品；模型作品，是指为展示、试验或者观测等用途，根据物体的形状和结构，按照一定比例制成的立体作品。

(8) 计算机软件。它是指计算机程序及其文档。

(9) 法律、行政法规规定的其他作品，如民间文学艺术作品等。

(二) 不予保护的对象

(1) 官方文件，是指法律法规、国家机关的决议，决定命令和其他具有立法、行政、司法性质的文件及其官方正式译文。官方文件具有独创性，属于作品范畴，不受著作权法保护的根本原因在于方便人们自由复制和传播。

(2) 时事新闻，是指通过报纸、期刊、广播电台、电视台等媒体报道的单纯事实消息。时事新闻虽从总体上不受著作权法保护，但传播报道他人采编的时事新闻，应当注明出处。

(3) 历法、数表、通用表格和公式。这类成果表现形式单一，应成为人类共同财富，不宜被垄断使用。

二、著作权的主体

(一) 一般意义上的著作权主体

1. 作者

创作作品的公民是作者。创作是指产生文学、艺术和科学作品的智力活动。为他人创作进行组织工作，提供咨询意见、物质条件，或者进行了其他辅助工作，均不视为创作。创作是一种事实行为，而非法律行为，不受自然人行为能力状况的限制，但创作成果必须符合作品的条件，创作主体才能取得作者身份。

创作本来只能是具有直接思维能力的自然人特有的活动，但单位也可在特定情形下通过其特定机构或自然人行使或表达其自由意志，因而单位也可被拟制为作者。《著作权法》第十一条规定，由法人或者其他组织主持，代表法人或者其他组织意志创作，并由法人或者其他组织承担责任的作品，法人或者其他组织视为作者。单位被视为作者时，可以成为完整的著作权主体，享有作者权利，承担作者义务。

如无相反证明，在作品上署名的公民、法人或者其他组织为作者。当事人提供的涉及著作权的底稿、原件、合法出版物、著作权登记证书、认证机构出具的证明、取得权利的合同等，都可作为认定作者的证据。

2. 继受人

继受人是指因发生继承、赠与、遗赠或受让等法律事实而取得著作财产权的人。继受著作权人包括继承人、受赠人、受遗赠人、受让人、作品原件的合法持有人和国家。继受著作权人只能成为著作财产权的继受主体，而不能成为著作人身权的继受主体，因著作人身权具有不可转让性。

3. 外国人和无国籍人

只要符合下列条件之一，外国人、无国籍人的作品即受我国著作权法保护：

（1）外国人、无国籍人的作品根据其作者所属国或者经常居住地国同中国签订的协议或者共同参加的国际条约享有著作权的。

（2）其作品首先在中国境内出版的。在中国境外首先出版，30 日内又在中国境内出版的，视为该作品同时在中国境内出版。

（3）未与中国签订协议或者共同参加国际条约的国家的作者以及无国籍人的作品首次在中国参加的国际条约的成员国出版的，或者在成员国和非成员国同时出版的。

（二）特殊意义上的著作权主体

1. 演绎作品

演绎作品又称派生作品，是指在已有作品的基础上，经过改编、翻译、注释、整理等创造性劳动而产生的作品。改编是指在原有作品的基础上，通过改变作品的表现形式或者用途，创作出具有独创性的新作品；翻译是指将作品从一种语言文字转换成为另一种语言文字；注释是指对文字作品中的字、词、句进行解释；整理是指对内容零散层次不清的已有文字作品或者材料进行条理化，系统化的加工。

演绎行为是演绎者的创造性劳动，是一种重要的创作方式。演绎创作所产生的作品，其著作权由演绎者享有，但行使著作权时不得侵犯原作品的著作权。

2. 合作作品

合作作品是指两人以上合作创作的作品。其构成要件是：①作者为两人或两人以上。②作者之间有共同创作的主观合意。合意，是指作者之间有共同创作的意图，既可表现为“明示约定”，也可表现为“默示推定”。有共同创作作品的行为，即各方都为作品的完成作出了直接的、实质性的贡献。

合作作品的著作权由合作作者共同享有。如果合作作品不可以分别使用，如共同创作的小说绘画等，其著作权由各合作作者通过协商一致行使；不能协商一致，又无正当理由的，任何一方不得阻止他人行使除转让以外的其他权利，但是所得收益应当合理分配给所有合作作者。如果合作作品可以分别使用如歌曲，作者对各自创作的部分可以单独享有著作权，但行使著作权时，不得侵犯合作作品整体的著作权。

3. 汇编作品

汇编若干作品，作品的片段或者不构成作品的数据或者其他材料，对其内容的选择或者编排体现独创性的作品，称为汇编作品。汇编作品的构成成分既可以是受著作权法保护的作品及片段，如论文、词条、诗词、图片等，也可以是不受著作权法保护的数据或者其他材料，如法律法规、股市信息、商品报价单等。汇编作品受著作权法保护的根本原因不在于汇编材料本身是否受著作权法保护，而在于汇编人对汇编材料内容的选择或编排付出了创造性劳动。在材料的选择或编排上体现独创性的数据库，可作为汇编作品受著作权法保护。

汇编作品的著作权由汇编人享有，但行使著作权时，不得侵犯原作品的著作权。由于汇编权是作者的专有权利，因而汇编他人受著作权法保护的作品或作品的片段时，应征得他人的同意，并不得侵犯他人对作品享有的发表权、署名权、保护作品完整权和获得报酬权等著作权。

4. 影视作品

影视作品是指电影作品和以类似摄制电影的方法创作的作品。影视作品是比较复杂、系统的智力创作工程，需要制片者、编剧、导演、摄影、演员等方面的通力合作。影视作品的著作权由制片者享有，但编剧、导演、摄影、作词、作曲等作者享有署名权，并有权按照与制片者签订的合同获得报酬。影视作品中的剧本、音乐等可以单独使用的，其作者有权单独行使其著作权。

5. 职务作品

职务作品是指公民为完成法人或者其他组织的工作任务所创作的作品。其特征是：①创作作品的公民与所在法人或其他组织之间存在劳动或聘用关系；②创作完成作品是公民的工作任务，即属于公民在该单位中应当履行的职责。工作任务有时是具体的，明确指示公民创作一部作品；有时是笼统的，由劳动合同岗位责任制、聘用手续等作概括性规定。

职务作品包括以下两种。

(1) 一般职务作品。除单位作品外，公民为完成单位工作任务而又未主要利用单位物质技术条件创作的作品，称为一般职务作品。其著作权由作者享有，但法人或者其他组织有权在业务范围内优先使用。作品完成两年内，未经单位同意，作者不得许可第三人或者其他组织以与单位相同的方式使用该作品。作品完成两年内，经单位同意，作者许可第三人以与单位使用的相同方式使用作品所获报酬，由作者与单位按约定的比例分配。作品完成两年的期限，自作者向单位交付作品之日起计算。

(2) 特殊职务作品。这是指根据《著作权法》第十六条规定，主要是利用法人或其他组织的物质技术条件制作，并由法人或其他组织承担责任的工程设计图、产品设计图、地图、计算机软件等职务作品，或法律、行政法规规定以及合同约定著作权由法人或者其他组织享有的职务作品。特殊职务作品的作者享有署名权，著作权的其他权利由法人或者其他组织享有，法人或者其他组织可以给予作者奖励。

6. 委托作品

委托作品是指作者接受他人委托而创作的作品。委托作品的创作基础是委托合同，既可以是口头的，也可以是书面的；既可以是有偿的，也可以是无偿的。委托作品应体现委托人的意志，实现委托人使用作品的目的。

委托作品的著作权归属由委托人和受托人通过合同约定。合同未作明确约定或者没有订立合同的，著作权属于受托人，但委托人在约定的使用范围内享有使用作品的权利；双方没有约定使用作品范围的，委托人可以在委托创作的特定目的范围内免费使用该作品。

需注意的是，以下两种作品不同于委托作品，其著作权归属有自己特定的规则：一是，除《著作权法》第十一条外，由他人执笔、本人审阅定稿并以本人名义发表的报告、讲话等作品，其著作权归报告人或讲话人享有，著作权人可以支付执笔人适当的报酬。二是，当事人同意以特定人物经历为题材完成的自传体作品，当事人对著作权归属有约定的，从其约定；没有约定的，著作权归该特定人物享有，执笔人或整理人对作品完成付出劳动的，著作权人可以向其支付适当的报酬。

7. 原件所有权转移的作品的著作权归属

绘画、书法、雕塑等美术作品的原件所有权转移，不视为作品著作权的转移，但美术作品原件的展览权由原件所有人享有。作品原件购买人可以对美术作品欣赏、展览或再出售，但不得从事修改、复制等侵犯作品版权的行为。

除美术作品外，对载体所有权可能转移的其他作品，都要注意载体所有权变动并不必然引起著作权的变动。我国《合同法》第一百三十七条规定；出卖具有知识产权的计算机软件等标的物的，除法律另有规定或者当事人另有约定的以外，该标的物的知识产权不属于买受人。

8. 作者身份不明的作品的著作权归属

作者身份不明的作品，是指从通常途径不能了解作者身份的作品。如果一件作品未署名，或署了鲜为人知的笔名，但作品原件持有人或收稿单位确知作者的真实身份，不属于作者身份不明的作品。作者身份不明的作品，由作品原件的所有人行使除署名权以外的著作权。作者身份确定后，由作者或者其继承人行使著作权。

三、著作权的内容

（一）著作人身权

著作人身权是指著作权人基于作品的创作依法享有的以人格利益为内容的权利。它与作者的人身不可分离，一般不能继承、转让，也不能

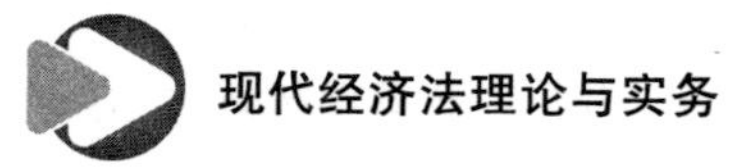

被非法剥夺或成为强制执行中的执行标的。

1. 发表权

发表权是指决定作品是否公之于众的权利。其具体内容包括：决定作品是否公之于众；决定作品在何时何地公之于众；决定作品以何种方式公之于众。“公之于众”是指著作权人自行或者经著作权人许可将作品向不特定的人公开，但不以公众知晓为条件。

发表权是一次性权利。作品一旦发表，发表权即行消灭，以后再次使用作品与发表权无关，而是行使使用权的体现；发表权与财产权关系密切，须通过出版、上网、朗诵等使用作品的方式来行使。

2. 署名权

署名权是指表明作者身份，在作品上署名的权利。其具体内容包括：决定是否在作品上署名；决定署名的方式，如署真名、笔名；决定署名的顺序；禁止未参加创作的人在作品上署名；禁止他人假冒署名。即有权禁止他人盗用自己的姓名或笔名在他人作品上署名。

3. 修改权

修改权是指修改或授权他人修改作品的权利。作品表达了作者的思想、情感和观点，公之于众后会直接影响社会公众对作者人格的评价，因而法律赋予作者修改权是对作者人格的尊重。修改通常是指内容的修改，报社、杂志社进行的不影响作品内容的文字性删节不属修改权控制的范围，可以不经作者同意。但对内容的修改，必须征得作者同意。修改既可针对未发表的作品，也可针对已发表的作品。

4. 保护作品完整权

保护作品完整权是指保护作品不受歪曲、篡改的权利。作品是作者思想的反映，也是作者人格的延伸。歪曲、篡改作品不仅损害作品的价值而且直接影响作者的声誉，因而法律禁止任何人以任何方式歪曲和篡改作品。

（二）著作财产权

著作财产权是指著作权人依法享有的控制作品的使用并获得财产利益的权利。

1. 使用权

使用权是指以复制、发行、出租展览、放映广播、网络传播、摄制、改编、翻译、汇编等方式使用作品的权利。

2. 许可使用权

许可使用权是指著作权人依法享有的许可他人使用作品并获得报酬的权利。使用他人作品，应当同著作权人订立许可使用合同，但属于法定使用许可情形的除外。许可使用合同包括下列主要内容：许可使用的权利种类，如复制权、翻译权等；许可使用的权利是专有使用权或者非专有使用权；许可使用的地域范围、期间；付酬标准和方法；违约责任；双方认为需要约定的其他内容。使用许可合同未明确许可的权利，未经著作权人同意，另一当事人不得行使。

3. 转让权

转让权是指著作权人依法享有的转让使用权中一项或多项权利并获得报酬的权利。转让的标的不能是著作人身权，只能是著作财产权中的使用权，可以转让使用权中的一项或多项或全部权利。转让权是新修订著作权法增加的著作财产权内容，符合国际通行做法。转让作品使用权的，应当订立书面合同。合同的主要内容有：作品的名称；转让的权利种类、地域范围；转让价金；交付转让价金的日期和方式；违约责任；双方认为需要约定的其他内容。转让合同中未明确约定转让的权利，未经著作权人同意，另一方当事人不得行使。

4. 获得报酬权

获得报酬权是指著作权人依法享有的因作品的使用或转让而获得报

酬的权利。获得报酬权通常是从使用权、许可使用权或转让权中派生出来的财产权，是使用权、许可使用权或转让权必然包含的内容。但获得报酬权有时又具有独立存在的价值，并非完全属于使用权、许可使用权或转让权的附属权利。如在法定许可使用的情况下，他人使用作品可以不经著作权人同意，但必须按规定支付报酬。此时著作权人享有的获得报酬权就是独立存在的，与使用权许可使用权或转让权没有直接联系。使用作品的付酬标准可以由当事人约定，也可以按照国务院著作权行政管理部门会同有关部门制定的付酬标准支付报酬。当事人没有约定或者约定不明确的，按照国家规定的付酬标准支付报酬。

四、著作权的限制

（一）合理使用

合理使用是指根据法律的明文规定，不必征得著作权人同意而无偿使用他人已发表作品的行为。合理使用的情形如下。

（1）为个人学习、研究或者欣赏，使用他人已经发表的作品。

（2）为介绍、评论某一作品或者说明某一问题，在作品中适当引用他人已经发表的作品。

（3）为报道时事新闻，在报纸期刊、广播电台、电视台等媒体中不可避免地再现或者引用已经发表的作品。

（4）报纸期刊、广播电台、电视台等媒体刊登或者播放其他报纸、期刊、广播电台、电视台等媒体已经发表的关于政治、经济、宗教问题的时事性文章，但作者声明不许刊登、播放的除外。

（5）报纸、期刊、广播电台、电视台等媒体刊登或者播放在公众集会上发表的讲话，但作者声明不许刊登、播放的除外。

（6）为学校课堂教学或者科学研究，翻译或者少量复制已经发表的作品，供教学或者科研人员使用，但不得出版发行。

（7）国家机关为执行公务在合理范围内使用已经发表的作品。

（8）图书馆、档案馆、纪念馆、博物馆、美术馆等为陈列或者保存版本的需要，复制本馆收藏的作品。

（9）免费表演已经发表的作品，该表演未向公众收取费用，也未向表演者支付报酬。

（10）对设置或者陈列在室外公共场所的艺术作品进行临摹、绘画、摄影、录像。

（11）将中国公民法人或者其他组织已经发表的以汉语言文字创作的作品翻译成少数民族语言文字作品在国内出版发行。

（12）将已经发表的作品改成盲文出版。

（二）法定许可使用

法定许可使用是指依照法律的明文规定，不经著作权人同意有偿使用他人已经发表作品的行为。它与合理使用的共同之处在于：都是基于法律的明文规定；都只能针对已经发表的作品；都不必征得著作权人的同意；都应当指明作者姓名、作品名称，并不得侵犯著作权人依法享有的其他权利。两者的区别在于：第一，法定许可使用主要是作品传播者的使用行为，而合理使用不受此限；第二，著作权人事先声明不许使用的，一般不适用法定许可制度，但合理使用一般不受此限；第三，法定许可使用是有偿使用，使用人必须按规定支付报酬，而合理使用是无偿使用。

根据有关规定，法定许可使用包括以下情形。

（1）为实施九年制义务教育和国家教育规划而编写出版教科书，除作者事先声明不许使用外，可以不经著作权人许可，在教科书中汇编已经发表的作品片段或者短小的文字作品、音乐作品或者单幅的美术作品、摄影作品。

（2）作品被报社、期刊社刊登后，除著作权人声明不得转载、摘编的外，其他报刊可以转载或者作为文摘、资料刊登。

（3）已在报刊上刊登或者网络上传播的作品，除著作权人声明或者上载该作品的网络服务提供者受著作权人的委托声明不得转载摘编的以外，网站可以转载、摘编。

（4）录音制作者使用他人已经合法录制为录音制品的音乐作品制作录音制品，著作权人声明不许使用的除外。

（5）广播电台、电视台播放他人已经发表的作品。

（6）广播电台电视台播放已经出版的录音制品。

第三节　专利法

一、专利的概念

专利是指权利人对其依法取得的发明、实用新型和外观设计等发明创造所享有的专有与独占的权利。

国家专利主管机关依照法定程序，授予权利人专利，颁发专利证书，权利人在一定时间与地域内具有独占实施其专利的权利。专利权作为工业产权之一，具有独占性、专有性、时间性与地域性等共有特征。

二、专利权的主体、客体与内容

（一）专利权的主体

专利权主体是指依法取得专利，享有专利权、履行义务的自然人、法人和其他组织。专利权主体包括专利所有人与专利持有人。专利所有人为专利权的原始主体，是指被授予专利权的专利申请人。专利持有人为专利权的继受主体，是指专利所有人以外的专利权人。具体而言，专利权的主体主要有如下几种情形：

1. 发明人或者设计人

发明人或者设计人是指对发明创造的实质性特点作出创造性贡献的自然人。在完成发明创造的过程中，只负责组织工作的人、为物质技术条件的利用提供方便的人或者从事其他辅助工作的人，不是发明人或者设计人。非职务发明创造，申请专利的权利属于发明人或者设计人申请被批准后，该发明人或者设计人为专利权人。

2. 发明人或者设计人的单位

执行本单位的任务或者主要是利用本单位的物质技术条件所完成的发明创造为职务发明创造。职务发明创造申请专利的权利属于该单位；申请被批准后，该单位为专利权人。利用本单位的物质技术条件所完成的发明创造，单位与发明人或者设计人订有合同，对申请专利的权利和专利权的归属作出约定的，从其约定。

3. 共有人

两个以上单位或者个人合作完成的发明创造、一个单位或者个人接受其他单位或者个人委托所完成的发明创造，除另有协议的以外，申请专利的权利属于完成或者共同完成的单位或者个人；申请被批准后，申请的单位或者个人为专利权人。

4. 合法受让人

合法受让人是指依法定程序，通过有偿受让或者无偿继承、赠与等方式承受专利的自然人、法人及其他组织。合法受让人为继受主体。

（二）专利权的客体

1. 发明

发明是指对产品、方法或者其改进所提出的新的技术方案。它是利用自然规律在技术应用上做出的创造和革新，而不仅仅是对自然规律的新认识。依据发明的表现形式不同，发明可分为产品发明、方法发明、改进发明。

2. 实用新型

实用新型是指对产品的形状、构造或者其结合所提出的适于实用的新的技术方案。实用新型的技术创新水平略低于发明，又被称为“小发明”。实用新型必须是经过工业方法制造的具有一定形状和构造的产品。

3. 外观设计

外观设计是指对产品的形状、图案或者其结合以及色彩与形状、图案的结合所作出的富有美感并适于工业应用的新设计。它是对产品外观的新设计，强调美感。

（三）专利权的内容

1. 专利权人的权利

专利权人的权利有人身权与财产权之分。专利人身权是指与发明人、设计人的人身不可分离的专利权，主要包括署名权、发表权、修改权和保护作品完整权等。专利财产权是指专利权人占有、使用、收益、处分专利的权利。作为专利权的主要内容，专利财产权具体包括以下两点。

（1）独占权。专利独占权，又称专利专有权，只有专利所有权人享有独占实施其专利的权利，未经其许可，自然人、法人或者其他组织均不得使用该专利。发明和实用新型专利权被授予后，除另有规定的以外，任何单位或者个人未经专利权人许可，都不得实施其专利，即不得为生产经营目的制造、使用、许诺销售、销售、进口其专利产品，或者使用其专利方法以及使用、许诺销售、销售、进口依照该专利方法直接获得的产品。外观设计专利权被授予后，任何单位或者个人未经专利权人许可，都不得实施其专利，即不得为生产经营目的制造、许诺销售、销售、进口其外观设计专利产品。

（2）许可权。专利许可权，又称专利许可使用权，专利权人作为许可人，许可他人实施其专利的权利。任何单位或者个人实施他人专利的，应当与专利权人订立实施许可合同，向专利权人支付专利使用费。被许可人无权允许合同规定以外的任何单位或者个人实施该专利。按照被许可人所取得的实施专利权的范围和权限，可以将专利实施许可分为独占许可、排他许可、普通许可、交叉许可、分许可等类型。

独占许可是指被许可人依照约定对许可人的专利享有独占使用权，被许可人是该专利唯一的许可使用者。排他许可又称独家许可，是指被许可人依照约定使用许可人的专利，许可人有使用该专利的权利。普通许可又称一般许可或者非独占许可，是指被许可人依照约定使用许可人的专利，并且许可人有权自己使用与允许他人使用该专利的权利。交叉许可是指权利人通过合同的方式确认相互依赖的两项专利的相互使用权。分许可是指被许可人除依照约定使用专利外，有权允许第三方使用该专利。

（3）转让权。专利转让权是指专利所有人作为转让人，依法转让专利的申请权和专利权的权利。专利申请权和专利权可以转让。中国单位或者个人向外国人、外国企业或者外国其他组织转让专利申请权或者专利权的，应当依照有关法律、行政法规的规定办理手续。转让专利申请权或者专利权的，当事人应当订立书面合同，并向国务院专利行政部门登记，由国务院专利行政部门予以公告。专利申请权或者专利权的转让自登记之日起生效。

（4）其他权利。专利财产权还包括专利投资权、标记权、放弃权、奖励与报酬权、转移权、出质权、诉请保护权等。

2. 专利权人的义务

（1）禁止滥用专利权。专利权人依法行使自己的权利，不得损害他人的知识产权和其他合法权益。禁止利用专利权实施垄断或者进行不正当竞争。

（2）缴纳费用。向国务院专利行政部门申请专利和办理其他手续，应当按照规定缴纳费用。这些费用主要有申请费用、登记费用、变更费用、年费等。专利权人应当自被授予专利权的当年开始缴纳年费，以维持专利权的有效性，没有按照规定缴纳年费的，专利权在期限届满前终止。

三、授予专利权的条件

（一）发明专利与实用新型专利的授予条件

1. 新颖性

新颖性是指该发明或者实用新型不属于现有技术，也没有任何单位或者个人就同样的发明或者实用新型在申请日以前向国务院专利行政部门提出过申请，并记载在申请日以后公布的专利申请文件或者公告的专利文件中。申请日是国务院专利行政部门收到专利申请文件之日，如果申请文件是邮寄的，以寄出的邮戳日为申请日。现有技术是指申请日以前在国内外为公众所知的技术，不含申请日当日公布的技术。新颖性是以申请日为标准，通过与现有技术方案对比，判断申请人的专利申请是否丧失新颖性。只有在申请日以前尚未公开发表的技术方案，才具有新颖性。

2. 创造性

创造性是指与现有技术相比，该发明具有突出的实质性特点和显著的进步，该实用新型具有实质性特点和进步。相比于最接近的现有技术，从技术效果上看，这种创造性对本领域的技术人员来说是非常显而易见的。

但是，发明与实用新型的创造性要求有所不同。发明所解决的技术问题与现有技术相比有本质的区别，实用新型所解决的技术问题只要比现有技术有区别有进步即可。

3. 实用性

实用性是指该发明或者实用新型能够在工业生产中实际制造或者使用，并且能够解决经济发展中的技术问题，产生有益的、积极的效果。因此，发明或者实用新型一般应该具有工业实用性、重复再现性、有益性。

（二）外观设计专利的授予条件

1. 具有新颖性与独创性

新颖性是指授予专利权的外观设计，应当不属于现有设计；也没有任何单位或者个人就同样的外观设计在申请日以前向国务院专利行政部门提出过申请，并记载在申请日以后公告的专利文件中。独创性是指授予专利权的外观设计与现有设计或者现有设计特征的组合相比，应当具有明显的区别。此处现有设计是指申请日以前在国内外为公众所知的设计。

2. 富有美感且适于应用

富有美感是指外观设计能够给人带来视觉上的美感。是否富有美感应依一般社会观念确定。适于应用即有实用性，是指外观设计专利及其产品能够在工业生产中重复制造，批量生产。

3. 不与在先权利冲突

在先权利是指他人在申请日以前已经取得的合法权利。授予专利权的外观设计不得与他人在申请日以前已经取得的合法权利相冲突，避免混淆与误导公众。

（三）丧失新颖性的例外

申请专利的发明创造在申请日以前 6 个月内，有下列情形之一的，不丧失新颖性：①在中国政府主办或者承认的国际展览会上首次展出

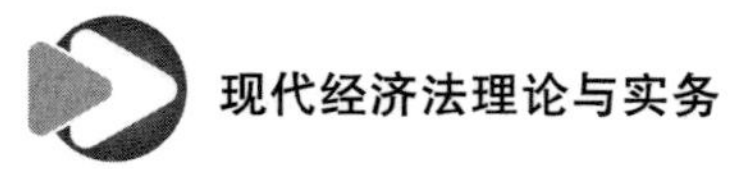

的；②在规定的学术会议或者技术会议上首次发表的；③他人未经申请人同意而泄露其内容的。

（四）不授予专利权的情形

1. 有违公序良俗的发明创造

对违反法律、社会公德或者妨害公共利益的发明创造，或者对违反法律、行政法规的规定获取或者利用遗传资源，并依赖该遗传资源完成的发明创造，不授予专利权。

2. 专利法规定的不授予专利权的情形

《专利法》明确规定，对下列各项不授予专利权：①科学发现；②智力活动的规则和方法；③疾病的诊断和治疗方法；④动物和植物品种；⑤用原子核变换方法获得的物质；⑥对平面印刷品的图案、色彩或者二者的结合作出的主要起标识作用的设计。但是，动物和植物品种的生产方法可以依法授予专利权。

四、专利的申请与审批

（一）专利的申请

1. 专利申请的原则

（1）申请在先原则。同样的发明创造只能授予一项专利权。两个以上的申请人分别就同样的发明创造申请专利的，专利权授予最先申请的人。但是，同一申请人同日对同样的发明创造既申请实用新型专利又申请发明专利，先获得的实用新型专利权尚未终止，且申请人声明放弃该实用新型专利权的，可以授予发明专利权。

（2）优先权原则。申请人自发明或者实用新型在外国第一次提出专利申请之日起 12 个月内，或者自外观设计在外国第一次提出专利申请之日起6个月内，又在中国就相同主题提出专利申请的，依照该外国同中国签订的协议或者共同参加的国际条约，或者依照相互承认优先权的原则，可以享有优先权。申请人自发明或者实用新型在中国第一次提出专利申请之日起12个月内，又向国务院专利行政部门就相同主题提出专利申请的，可以享有优先权。申请人要求优先权的，应当在申请的时候提出书面声明，并且在3个月内提交第一次提出的专利申请文件的副本；未提出书面声明或者逾期未提交专利申请文件副本的，视为未要求优先权。

（3）单一性原则。单一性原则的内容包括发明或者实用新型的单一性原则与外观设计的单一性原则两方面。发明或者实用新型的单一性原则，即一件发明或者实用新型专利申请应当限于一项发明或者实用新型，属于一个总的发明构思的两项以上的发明或者实用新型，可以作为一件申请提出。外观设计的单一性原则，即一件外观设计专利申请应当限于一项外观设计。同一产品两项以上的相似外观设计，或者用于同一类别并且成套出售或者使用的产品的两项以上外观设计，可以作为一件申请提出。

（4）形式法定原则。专利申请的请求书、说明文件等文件及各项手续都必须以书面形式或者国家专利主管部门规定的其他形式办理，否则不产生法律效力。专利申请文件应当使用中文；国家有统一规定的科技术语的，应当采用规范词；外国人名、地名和科技术语没有统一中文译文的，应当注明原文。

2. 专利申请的提出

（1）专利申请人。申请人可以亲自提出申请，也可以委托依法设立的专利代理机构办理。在中国没有经常居所或者营业所的外国人、外国企业或者外国其他组织在中国申请专利的，应当委托依法设立的专利代理机构办理，依照其所属国同中国签订的协议或者共同参加的国际条约或者依照互惠原则，依法办理。

（2）专利申请前的论证。申请专利需要缴纳各种费用，需要公开发明创造，审批时间长。为此，在必要时，申请人可以进行申请的必要性、申请的专利种类、申请时机、申请的结果的初步判断、市场预测等方面的评估论证。

（3）提交专利申请文件。申请发明或者实用新型专利的，应当提交请求书、说明书及其摘要和权利要求书等文件，并可以依法修改其专利申请文件，但其修改不得超出原说明书和权利要求书记载的范围。申请外观设计专利的，应当提交请求书、该外观设计的图片或者照片以及对该外观设计的简要说明等文件，并可以依法修改其专利申请文件。

3. 专利申请的撤回

申请人可以在被授予专利权之前随时向国务院专利行政部申请撤回其专利。申请人撤回其专利申请时，应当向国务院专利行政部门提出声明，写明发明创造的名称、申请号和申请日。撤回专利申请的声明在国务院专利行政部门做好公布专利申请文件的印刷准备工作后提出的，申请文件予以公布；但是，撤回专利申请的声明应当在以后出版的专利公报上予以公告。

（二）专利的审批

1. 发明专利的审批

（1）发明专利的受理。国务院专利行政部门负责管理全国的专利工作，统一受理和审查专利申请，依法授予专利权。国务院专利行政部门收到专利申请文件后，发出受理通知书，给予专利申请号。国务院专利行政部门收到专利申请文件之日为申请日。如果申请文件是邮寄的，以寄出的邮戳日为申请日。

（2）发明专利的初步审查。国务院专利行政部门收到发明专利申请后，主要对申请文件的形式、费用缴纳等情况进行初步的形式审查。初审不合格者，国务院专利行政部门通知申请人予以补正或者陈述意见，仍不合格者，驳回其申请。

（3）发明专利的公布。国务院专利行政部门经初步审查认为符合要求的，自申请日起满 18 个月，在《发明专利公报》上即行公布。国务院专利行政部门可以根据申请人的请求早日公布其申请。

（4）发明专利的实质审查。发明专利申请自申请日起 3 年内，国务院专利行政部门可以根据申请人随时提出的请求，对其申请进行实质审查；申请人无正当理由逾期不请求实质审查的，该申请即被视为撤回。国务院专利行政部门认为必要的时候，可以自行对发明专利申请进行实质审查。可见，发明专利的实质审查的启动以申请人申请为原则，主要审查发明的新颖性、创造性、实用性等内容。国家专利行政管理部门审查的顺序依次为实用性、新颖性和创造性。

（5）发明专利的授权决定。国务院专利行政部门对发明专利申请进行实质审查后，认为不符合《专利法》规定的，应当通知申请人，要求其在指定的期限内陈述意见，或者对其申请进行修改；无正当理由逾期不答复的，该申请即被视为撤回。发明专利申请经申请人陈述意见或者进行修改后，国务院专利行政部门仍然认为不符合《专利法》规定的，应当予以驳回。发明专利申请经实质审查没有发现驳回理由的，由国务院专利行政部门作出授予发明专利权的决定，发给发明专利证书，同时在《发明专利公报》上予以登记和公告。发明专利权自公告之日起生效。

2. 实用新型与外观设计专利的审批

实用新型和外观设计专利申请经初步审查没有发现驳回理由的，由国务院专利行政部门作出授予实用新型专利权或者外观设计专利权的决定，发给相应的专利证书，同时予以登记和公告。实用新型专利权和外观设计专利权自公告之日起生效。可见，实用新型和外观设计专利采取初审登记制。其审批程序一般为受理申请、初步审查、授权公告，各阶段的工作内容参照发明专利的审批。

（三）专利的复审

1. 专利复审的请求

国务院专利行政部门设立专利复审委员会。专利申请人对国务院专利行政部门驳回申请的决定不服，可以自收到通知之日起 3 个月内，向专利复审委员会请求复审。复审请求人在专利复审委员会作出决定前，可以撤回其复审请求，复审程序终止。

2. 专利复审的决定

专利复审委员会复审后，作出决定，并通知专利申请人。专利申请人对专利复审委员会的复审决定不服，可以自收到通知之日起 3 个月内向人民法院起诉。

五、专利权的期限，终止和无效

（一）专利权的期限

发明专利权的期限为 20 年，实用新型专利权和外观设计专利权的期限为 10 年，均自申请日起计算。

（二）专利权的终止

有下列情形之一的，专利权在期限届满前终止，专利权失效：①没有按照规定缴纳年费的；②专利权人以书面声明放弃其专利权的。专利权在期限届满前终止的，由国务院专利行政部门登记和公告。

（三）专利权的无效

1. 请求宣告专利权无效

专利权的授予不符合法律规定是专利权被请求宣告无效的事由。自国务院专利行政部门公告授予专利权之日起，任何单位或者个人认为该专利权的授予不符合法律规定的，可以请求专利复审委员会宣告该专利权无效。宣告无效的专利权视为自始即不存在。

2. 撤回宣告专利权无效的请求

专利复审委员会作出决定之前，无效宣告请求人撤回其无效宣告请求的，无效宣告请求审查程序终止。但是，专利复审委员会认为根据已进行的审查工作能够作出宣告专利权无效或者部分无效的决定的，不终止审查程序。无效宣告请求人对专利复审委员会发出的口头审理通知书在指定的期限内未作答复，并且不参加口头审理的，其无效宣告请求视为撤回。

3. 宣告专利权无效

专利复审委员会对宣告专利权无效的请求应当及时审查和作出决定，并通知请求人和专利权人。宣告专利权无效的决定，由国务院专利行政部门登记和公告。对专利复审委员会宣告专利权无效或者维持专利权的决定不服的，可以自收到通知之日起 3 个月内向人民法院起诉。人民法院应当通知无效宣告请求程序的对方当事人作为第三人参加诉讼。

宣告专利权无效的决定，对在宣告专利权无效前人民法院作出并已执行的专利侵权的判决、调解书，已经履行或者强制执行的专利侵权纠纷处理决定，以及已经履行的专利实施许可合同和专利权转让合同，不具有追溯力。但是因专利权人的恶意给他人造成的损失，应当给予赔偿。不返还专利侵权赔偿金、专利使用费、专利权转让费，明显违反公平原则的，应当全部或者部分返还。

六、专利权的保护

（一）专利权的保护范围

发明或者实用新型专利权的保护范围以其权利要求的内容为准，说明书及附图可以用于解释权利要求的内容。外观设计专利权的保护范围以表示在图片或者照片中的该产品的外观设计为准，简要说明可以用于解释图片或者照片所表示的该产品的外观设计。

（二）专利侵权

1. 专利侵权的构成要件

（1）有效专利的存在。专利侵权行为所涉及的对象是合法有效的中国专利，这是认定专利侵权的前提。

（2）实施了专利侵权行为。未经专利权人许可，实施其专利，即侵犯其专利权，这是认定专利侵权的客观要件。专利侵权行为主要有未经专利权人许可，擅自实施他人专利、假冒他人专利等行为。

（3）主观上有过错。行为人在实施侵犯专利权的行为时，主观上有过错。过错包括故意与过失。

（4）以生产经营为目的。侵犯专利权必须以生产经营为目的，非经营性的使用专利，不视为侵犯专利权的行为。如为科学研究和实验而使用有关专利技术或者个人出自爱好或者自用等制造、使用专利产品或者使用专利方法的行为，不构成专利侵权行为。

2. 不视为侵犯专利权的情形

有下列情形之一的，不视为侵犯专利权：①专利产品或者依照专利方法直接获得的产品，由专利权人或者经其许可的单位、个人售出后，使用、许诺销售、销售、进口该产品的；②在专利申请日前已经制造相同产品、使用相同方法或者已经做好制造、使用的必要准备，并且仅在原有范围内继续制造、使用的；③临时通过中国领陆、领水、领空的外国运输工具，依照其所属国同中国签订的协议或者共同参加的国际条约，或者依照互惠原则，为运输工具自身需要而在其装置和设备中使用有关专利的；④专为科学研究和实验而使用有关专利的；⑤为提供行政审批所需要的信息，制造、使用、进口专利药品或者专利医疗器械的，以及专门为其制造、进口专利药品或者专利医疗器械的。

3. 专利侵权纠纷的解决机制

（1）协商与诉讼。专利侵权纠纷由当事人协商解决；不愿协商或者协商不成的，专利权人或者利害关系人可以向人民法院起诉。侵犯专利权的诉讼时效为 2 年，自专利权人或者利害关系人得知或者应当得知侵权行为之日起计算。为了制止侵犯权利行为，专利权人或者利害关系人可以在起诉前依法向人民法院申请行为保全与证据保全。

（2）专利管理部门处理。专利侵权纠纷也可以请求管理专利工作的部门处理。管理专利工作的部门认定侵权行为成立的，可以责令侵权人立即停止侵权行为，当事人不服的，可以自收到处理通知之日起 15 日内向人民法院起诉；侵权人期满不起诉又不停止侵权行为的，管理专利工作的部门可以申请人民法院强制执行。进行处理的管理专利工作的部门应当事人的请求，可以就侵犯专利权的赔偿数额进行调解；调解不成的，当事人可以向人民法院起诉。

4. 专利侵权的法律责任

（1）民事责任。行为人侵犯专利权承担的民事责任主要有停止侵害、消除影响、赔偿损失等。侵犯专利权的赔偿数额按照权利人因被侵权所受到的实际损失确定；实际损失难以确定的，可以按照侵权人因侵权所获得的利益确定。权利人的损失或者侵权人获得的利益难以确定的，参照该专利许可使用费的倍数合理确定。赔偿数额还应当包括权利人为制止侵权行为所支付的合理开支。上述方法均难以确定侵犯专利权应承担的赔偿数额的，人民法院可以根据专利权的类型、侵权行为的性质和情节等因素，确定给予 1 万元以上 100 万元以下的赔偿。但是为生产经营目的使用、许诺销售或者销售不知道是未经专利权人许可而制造并售出的专利侵权产品，能证明该产品合法来源的，不承担赔偿责任。

（2）行政责任。管理专利工作的部门认定侵犯专利权的行为成立的，可以依法责令侵权人立即停止侵权行为，责令改正并予公告，没收违法所得，可以并处罚款。

（3）刑事责任。假冒他人专利，情节严重的，处3年以下有期徒刑或者拘役，并处或者单处罚金。

参考文献

[1] 曾荣鑫. 论现代担保法的理念——法经济学视角的解读 [J]. 吉首大学学报（社会科学版），2016（6）：115-122.

[2] 程信和. 中国现代经济法的历史担当 [J]. 经济法研究，2014（2）：17-24.

[3] 崔琴，邢鑫. 论我国现代经济法理念的构建 [J]. 企业家天地（理论版），2010（12）：181.

[4] 单飞跃. 中国经济法的文化解释——一个现代法命题与传统文化间的沟通 [J]. 法治现代化研究，2017（2）：155-168.

[5] 杜红梅. 现代社会中经济法的价值与原则 [J]. 经营管理者，2016（18）：271.

[6] 杜红梅. 现代社会中经济法的优势与作用探究 [J]. 经营管理者，2016（26）：269.

[7] 傅冰. 现代经济法产生的民商法基础 [J]. 法制博览，2013（10）：84，81.

[8] 高薇. 现代经济信息环境下我国经济法实施存在的问题分析 [J]. 现代经济信息，2017（12）：320.

[9] 闫浩展. 对经济法的现代性解读 [J]. 法制博览，2017（8）：272.

[10] 葛锐. 中国经济法现代化的发展思考 [J]. 电脑校园，2021（4）：414.

[11] 郭志强. 对经济法的现代性解读 [J]. 经济管理（全文版），2017（3）：225.

[12] 韩俊英. 孙中山国家干预经济思想的现代经济法价值 [J]. 南方论刊，2016 (8)：51-52，58.

[13] 韩霞. 经济法的现代性研究 [J]. 教育科学（全文版），2017 (7)：288.

[14] 蒋悟真，詹国旗. 现代经济法基本原则的梳理与提炼 [J]. 江西财经大学学报，2010 (4)：105-109.

[15] 焦伶俐. 经济法专业现代学徒制人才培养的思路探究 [J]. 进展（科学视界），2022 (2)：6-8.

[16] 李博. 现代化经济体系建设中的经济法理论研究 [M]. 太原：山西经济出版社，2021.

[17] 李彤. 基于中国经济法现代化思考 [J]. 卷宗，2020 (31)：247.

[18] 厉莉. 现代学徒制与经济法专业课程建设 [J]. 现代交际（学术版），2017 (7)：149.

[19] 刘卉. 现代经济法研究 [M]. 成都：电子科技大学出版社，2016.

[20] 刘宁. 现代经济法理论与运用 [M]. 延吉：延边大学出版社，2018.

[21] 刘爽. 基于现代教学理念的《经济法》教学模式创新研究 [J]. 科教导刊（电子版），2017 (1)：59-60.

[22] 卢美茜. 浅谈现代经济法产生的民商法基础 [J]. 职工法律天地（下），2015 (24)：141-142.

[23] 马丽. 经济法的现代性研究 [J]. 法制博览，2017 (19)：191，190.

[24] 马学婵. 权力分配体系的不断深化与现代经济法的回应 [J]. 法制与经济，2012 (7)：84-85.

[25] 潘禹辰. 论经济法的现代性 [J]. 社会科学（全文版），2017 (12)：219.

[26] 荣国权. 经济法风云录 现代经济法历史和逻辑考察 [M]. 北京：

华夏出版社，2021.
[27] 邵志超. 论现代经济法视角下民商法理论体系的解构及逻辑整合[J]. 周口师范学院学报，2021（6）：99-104.
[28] 隋一卓. 经济法的现代性危机与应对 [J]. 经济法研究，2018（2）：59-70.
[29] 孙弘. 探究现代经济法产生的民商法基础 [J]. 青年与社会（上），2015（7）：92.
[30] 孙晋. 现代经济法学 第二版 [M]. 北京：法律出版社，2020.
[31] 王福友. 经济法的现代转向及其本土化实现 [J]. 哈尔滨商业大学学报（社会科学版），2017（2）：105-114.
[32] 王亚萍. 中国式现代化下经济法第三次分配功能的法治研究 [J]. 经济导刊，2022（11）：82-88.
[33] 奚润瑜. 对经济法的现代性解读 [J]. 社会科学（文摘版），2017（5）：188.
[34] 肖灵敏. 现代教育技术视阈下经济法案例教学法存在问题及对策研究 [J]. 广西教育，2017（3）：134-135.
[35] 徐焕娟. 现代经济法研究 [M]. 长春：吉林大学出版社，2017.
[36] 徐路. 浅论民法现代化之经济法独立 [J]. 现代商业，2018（5）：232-233.
[37] 徐孟洲. 建设现代化经济体系中的经济法理论问题 [J]. 经济法研究，2018（2）：6-8.
[38] 杨洁. 中国经济法的现代化发展 [J]. 营销界，2020（15）：22-23.
[39] 张阿阳. 浅谈现代经济法体系的反思与重构 [J]. 职工法律天地，2018（12）：23.
[40] 张畅. 现代经济模式对合同法发展的影响——以合同法的实质正义追求为视角 [J]. 九江学院学报（社会科学版），2017（2）：108-112.

[41] 张红. 现代经济法：从辨原到担当 [J]. 中国政法大学学报，2018 (4)：59-71，207.

[42] 张继恒. 现代经济法行为范畴的梳理与提炼 [J]. 经济法论丛，2012 (2)：26-47.

[43] 张路文. 现代经济法产生的民商法基础 [J]. 社会科学（全文版），2016 (10)：141.

[44] 张守文. 现代化、改革开放与经济法的生成 [J]. 法学论坛，2018 (4)：5-12.

[45] 周小煜. 关于我国经济法的现代化思考 [J]. 全国商情·理论研究，2016 (26)：90-91.